無料人生相談43年の
社長が教える

健康・家庭・商売・人生と心の関係

森安《もりやす》政仁《まさひと》

三楽舎

まえがき

本書をお手に取っていただきましてありがとうございました。

変化の多い現代のなかでも、変わらぬ人生の極意があります。それが、受け継がれていくことを願いながら書かせていただきました。

私は現在83歳です。若い時と同じように健康で、ありがたく自営の卵卸業に励んでいます。毎日のたくさんの出会いを生かすべく、心の勉強も43年以上続けています。

全国の縁ある方々の相談に乗り、心霊治療も無料で続けてきました。それは世のため人のためになりたいという想いと共に、自分自身のためでもあります。そこから様々なことを学んだり気づいたりしています。

そうして一番大切なことは、人間関係の調和であるということがわかりました。人間関係の調和が崩れると、何もかもうまくいきません。これまでの著書や寄稿の中で繰り返しお伝えしていることですが、このたったひとつの真実を伝え続けていくことが自分の使命だと思っています。

本書が、生きていく上でのヒントや気づきになり、みなさまの「人生の道しるべ」となれましたら、こんなうれしいことはありません。

未来へ向けて多くの方に伝わることを願います。

目次

第二章　心の灯台 29

第五章　人生のみちしるべ

第六章　目に見えない世界からの応援…………149

第一章

お金の巡りについて

仕事・商売・経営でお金が巡ってくるために

小さな商店から企業まで、みな同じことが言えますが、個人の商店、企業の経営者は、従業員の幸福と、社会の人の幸福を第一に考え、そして社会への貢献及び企業の永続的発展に努めるべきであると思います。そのためには、社長が皆と仲良く明るく仕事をする事が、第一です。そして少し余裕ができたら、会社も個人も社会に役立つ事をしていけば目に見えない世界から、応援をいただいて無限に続くと思います。

また、逆に会社、商店でも特に長になる人が悪行や争い事をしていれば、会社は階段を下りるように段々と細くなって、長の人が気づくまで続くと思います。早く気づいて、長たる人は心を良い方に向けないと、ますます悪い方にいってしまうと思います。

そのためにはお金の使い方が重要になります。

渡辺薫龍さんからいただいたお言葉。
これを実行して私は商売を大きくしてきました。
一番大切なことですから、ぜひ心にとめておいてください。

『お金の使い方』
親や兄弟の為に使ったお金は十倍になって戻る
税金は国の為で百倍になって戻る
神や人を助ける為に使ったお金は千倍になって戻る
お金を使ってすぐに戻る人もいるし戻らない人もいる
中にはお金ではなく健康とか長生きができるように神が取り計らう

●渡辺薫龍
神霊能力者。平壌生まれ。２０２３年没。東京・四谷で育つ。幼児の頃に大病に罹り医者から死の宣告を受けたが、両親が神社仏閣に願掛けをして奇跡的に全快した。以来、数々の霊的体験や言動が的中して周囲の人々を驚かせ「神界からの神示により悩める人々を救うことが自分の使命」と悟る。人生上の悩みや土地建物、病気などさまざまな神霊に関わる問題の相談に応じ、北から南まで飛び歩く傍ら、テレビ、ビデオにも出演した。

43年間続けてきた電話相談で受けた相談

質問

私は起業して、たくさんの社員を抱え年商も結構な金額になりました。しかし、その渦中では、ライバル会社を撃ち落として勝ってきたこともあり、色々な人からの嫉妬や妬みなどをもらうことも多くその都度辛い思いもありました。

社会的に成功をして周りからは、羨ましがられますが、最近になりどうしても倒産していったライバル会社の経営者の顔や取引先をなくしたライバル会社の経営者の顔が浮かんできます。成功しましたが、60歳間近になり、これで良かったのかと悩んでいます。これから、後任に任せ、名ばかりの会長としてのんびり暮らそうと思いますが、あまり心が晴れません。

この先どうやって生きていったらいいでしょうか。

回答

あなたは一生懸命やってきたのですね。努力をして夜も寝ずにがんばってこられたと思います。

会社経営をしていくということは、時には相手を潰してしまうという場面も出てきます。そうやって大きくなってこられたと思います。

さて、今、あなたの成功の裏で泣いてる人がいたということに悩まされているようですが、あなたのようにそうやって気づく人はなかなかいません。「勝ってきた」「成功した人生」と喜んで終わっていく人も多くいる中で、あなたは、昔蹴落とした人たちを心に思っているということは本当はとても優しい人だと思います。

これからあなたがやることは、ずばり社会への恩返しです。そして、まずはあなたの成功の裏で苦しんだその人達が、これからの人生を幸せに暮せることを祈り、そして詫びることです。祈りや詫びる気持ちというのは天を通してその相手に届きます。「あなたを苦しめてしまって申し訳なかった」と、詫びてその人たちの今後の幸せをぜひ願ってください。

そして第一線を退いたら、世の中のために無償で何かをして、世の中が少しでも良くなるための行動をはじめましょう。ボランティア活動や困っている人、遺児、難病の人たちへ寄付や何か手伝うなどの無償の行為をしてください。これまでで築いた財産をぜひ社会の役に立つ形で、たとえば災害地などで被害に遭って大変な人もたくさんいるのでそういう人たちが、少しでも良くなるようにとボランティア活動、寄付をして、お詫びと感謝の心でこれからの余生を社会へ還元する形で行動してみてください。

あなたの思い浮かぶ人たちへの詫びる心と社会への還元で、きっと心休まることでしょう。

質問

わたしは、自分で言うのもなんですが、子どもの時から、成績も良い方で、そこそこ有名な学校も卒業しましたし、親も一般家庭よりお金持ちです。外見もまあ良い方だと思っております。条件的には他人よりもすべて上回っている自信があります。頭の回転も他人より速いと思います。

それなのに、いま、わたしは幸せではありません。結婚相手になりそうな人にも出会っていませんし、会社での人間関係もうまくいっていません。

条件的には自分は人より劣っていないはずですが、幸せになれないのはどうしてでしょうか？　教えていただければ幸いです。

回答

自分を低くする。どうも世間で教えられている常識とされるやり方とか考え方というのは、実際に人生で成功するやり方や考え方とは、まるで反対なので、43年以上やっていた人生相談でもこうした質問は多かったです。

学校ではできるだけ他人よりも良い点数を取って、他の人を上回ることを教えられます。他人を上回るほど褒められるのです。でも、実際の人生でこれをすると嫌われるだけです。学校で教えられたとおりに生きると、結果から言うとあなたは損をします。幸せにはなれないでしょう。人生では学校と逆にすると幸せになれます。つまり、他の人より自分のことを少し低くしていくことが成功する秘訣になります。

こうしたことを言っても、学校教育でさんざん人よりも良い点数を取ること、他人を上回ることを教えられて、我が強くなっていますから、なかなか賛成してもらえません。

でも、よく世間を見渡してみればわかるはずです。他人より上だという態度の人がどう思われているか、友人関係でもそうした人は嫌われているはずです。気位が高い人、自分ばかり優先する人、得ることばかりを考えている人に、人はあまり近寄ろうとは思わないのです。あなただってそんな人は嫌でしょう？　人生は逆にしなければいけません。自分を少しばかり低くするのです。

そして、人に向かって「すごいですね、よく知っていますね、あなたはこういうところがいいですね」と褒めると相手はあなたのことを好きになります。

また、相手のやりたいことを応援してあげましょう。なにかの情報をあげたり、というのもいいですね。ここでおススメしているのは、相手に与える、ｇｉｖｅすることです。これができない人はあまり幸せにはならないですね。

商売でも人間関係でも同じです。自分からｇｉｖｅしないとどうしても運命は狭まってしまい、うまく広まっていきませんね。

でも、これを読んだあなたは大丈夫ですね。大多数の人が学校で習ったとおりに、相手より上回ろう、取ろう、得しようとばかりしているのですから、相手より自分を低くして、相手のためになろう、相手に少しでもｇｉｖｅしようとするあなたはすぐに相手から好かれて、人間関係もビジネスでもきっとうまくいくでしょう。

何ごとも信頼と信用

得意先から信頼と信用を頂いて、相手に利益を与えなければ自分も栄えないと私は思います。企業（商店）が発展する時は、長たる人は同業者から恨み、妬みがくると思います。（私は経験済み）その思いを、毎日消していかなければ生霊となってきますから大変だと思います。

就職する時は会社の大小関係なく、社会に利益を還元している企業が良いと思う。世のため、人のために尽くす。健康で人生をまっとうしたいなら、争い事をしない。命を頂いている父母、先祖に感謝して出会いの人と調和して人生を過ごす事が大切です。経営のトップには、社会に貢献した人が良いと思う。何しろ企業の幹部になる人は、世のため人のために尽くした人が企業も良い方に、目に見えない世界が導いていくと思う。良い場所（土地）でもエネルギーが悪い土地では、商売も良い方にはいかないと思います。

心霊心治療も、治療する側が人から見て信用と信頼が持てないと、相手も心を開いてくれないと思います。相手の身になって誠実に答えてプライバシーを守る。治療する方も勉強になり、自分の心の修業にもなると感じています。

三代目の社長

一代目の社長は、人の痛みを大体において良く理解できる人が多いようです。二代目社長は、一代目の社長の苦労を知っているので二代目まではまだ人の心が理解できる社長が多いと思います。三代目の社長になると、他人の痛みを理解できない人が多いように感じられます。

自分の意見だけ言って、他の意見を聞き入れないのです。そして、温室育ちのため、一度挫折すると立ち直りが大変のように感じられます。

やはり人は苦労して他人の痛みをわかり、思いやりが大切なのではないでしょうか。

無縁仏の供養

無縁の霊を供養することによって地域は発展すると思われます。商売を営んでいる人は店が栄え、自分も徳を積み、あの世にいっても良いところにいける様な感じを受けます。

私も6年前、天草の島原乱で亡くなった8万人の慰霊碑を建立した年は、ものすごく卵の取扱高があって今でもその取扱高を越えることはできません。何か目に見えない世界が良い方に導いて下さる様な感じを受けます。無縁の墓を供養すれば無縁のお客様が来る様に感じます。

寄附やボランティアをすると受注が増える不思議

ビジネスに勝ち負けはつきものです。発注もお客様次第です。しかし、一人勝ちはよくありません。儲けすぎも同業他社から恨みを買います。とはいえ、お客様あってのもので、自分で調整できるものではありません。

そこで、わたしは順当に利益を確保できた経営者には寄付やボランティアを推奨しています。税務上、控除が認められており、これこそ利益の社会還元です。

今の日本には大規模な災害が、繰り返し発生しています。それは目を覆いたくなるほどです。ボランティアの需要も増しています。わたしの知っている銀行でもボランティア活動を推奨しています。なかには公共トイレの掃除などもありますが、これは素晴らしいことだと思います。街の清掃事業や緑化運動に参加している企業もあります。そのような企業は目覚ましい業績の向上を示しています。経営上のメリットもありますし、地域に貢献するという従業員の意識改革にもつながります。企業として大きな還元を得ることができる行為であると考えます。この活動に、自然と儲けはついて来ます。ビジネスの利益とはそういうものです。

また、わたしは志岐先生から40歳の頃より心の勉強をさせていただき、「運のメカニズム」がわかってからは、仕事が終わってからの時間に、無料の悩み相談をしています（志岐先生については、6章155ページに詳しく述べています）。かれこれ43年間になります。その間、全国からさまざまな悩みが寄せられました。病気や経営相談、夫婦関係をはじめとする人間関係のこと、お金のことなどです。いずれも、人の恨みが原因であることがほとんどです。わたしのアドバイスにより、悩みが解消した方から泣きながらお礼の電話をもらうこともあります。そうした時は天にも昇る至福の気分です。こうしたことをすることは、相手のためにしているのはもちろんなのですが、かえって自分の人生最高の喜びになり、人生を最も輝かせてくれることにもなっています。

わたしはできる範囲で寄付をしています。「世のため、人のため」をモットーに、

40年以上、交通遺児の団体や親のいない子の施設に寄付していますが、見返りを得ようと考えずとも、不思議にもお得意様の紹介を得たり、思いがけなく商売が順調にいくように思われます。寄付をした翌日にはお得意先様が、また新しいお得意先様を紹介してくださるという不思議なことが何年も続いています。

〝お金は天からの回りもの〟とは、よく言ったもので、人を助けることは、本当に自分も助けていただくということだと実感しています。こうしたことから当社では、営業マンが一人もいないのにもかかわらず、お得意様が増えていくのです。

わたしが親戚の社長のことを霊言で訊ねた時「自分の寿命以上に生かされた」と言われました。この社長も人々をたくさん助けていました。人を助けることがひいては自分も助けられるということです。

「情けは人のためならず」は本当です。「握りっぱなし」では、それ以上のものはつかめないと思います。世の中に還元してこそ、生きたお金の使い道となり徳を残すことにもなるのです。日本でも、昔から困窮している人に恵み、奉仕する精神は美徳とされてきました。欧米でもボランティアはとても尊ばれている精神です。他

歓迎のオーブの数々

人に施すことは、自分の徳を積むことであり、いわば自分の魂の進化向上に役立つことと心得たいものです。「果報は寝て待て」という言葉がありますが、これは怠けていなさいということではありません。若いころから誠実に努力して信用を築き、恵まれない人々を助け、世のため人のために生きていけば、神々やご先祖様の目に見えない力を与えられ、ご霊導いただけるということです。

世のため人のためを実践していくことで、他から思わずお得意先の紹介を得たり、あるいは同業者が廃業して仕事が回ってきたり、同業者の病気のために注文が入ったり、人と争いもせずに自然と得意先が増加して、想定外で商売が繁盛しました。この生き方が、目に見えない神仏の力を得た「果報は寝て待て」の言葉の真意ではないかと思いました。

ご先祖様の思い

健康はお金では買えません。争いごとをしている人は健康が保てなくなります。相手から妬みや恨み、怒りなどが発せられるからです。強いマイナスのエネルギーは、受けた人間にも発した人間にも、心身の不調をもたらします。夜眠れない、身体が痛い、だるい、きついなど、お互いに様々な不調に悩まされることになるのです。

人間は感情の動物ですから、言いたいことを言い合うのは悪いことではありません。一時的にはケンカのようになることもあるでしょう。すっきり解消せずに、長期間にわたって悪い関係が続いたり、心の中に言いたいことを溜め続けたりすると、長い年月のうちにお互い不調が積もり、不幸な人生になると思います。

人生を楽しく愉快に過ごすためには健康が第一です。そのためにも、争いごとや恨み、妬みのタネは早く解決したいものです。

特にいけないのが、兄弟姉妹などが反目しあう財産争いです。そんなことをしている限り幸せにはなれません。あの世で見守ってくれているご先祖様が心配して、悲しんだり苦しんだりするからです。大切に敬うべきご先祖様を悩ませることは不幸の始まりだと、私は確信しています。

親を粗末にしている人で成功している人はいません。親に感謝出来ない人で職場や会社において人間関係が豊かな人はいないと思います。人間は器用にはできていません。家庭での親に対する態度が冷たくて、社会で人間関係が豊かという芸当はできないと思います。必ず化けの皮が剥れていくのです。

第二章

心の灯台

心の在り方で人生は変っていく

わたしは、志岐先生との出会いにより、心の在り方で人間の一生を幸福にするか、不幸にするかを研究してまいりました。

まず、言いたいのは、志岐先生の教え、これは決して宗教ではありません。現代医学がどんなに発達してもできない、人間の心の在り方の教えです。あの世の人もこの世の人も幸せにすると、一生健康で人生を過ごせるのではないでしょうか。

心霊を勉強していると、病気になった場合、現代の医学ではどうにも解決できない部分があるように感じられる大変貴重なことです。

神の七光
尊敬　慈悲　豊かさ　いつくしみ　美　ゆとり　愛　許す心　こだわらない心
七暗の世界
憎しみ　怒り　嫉妬　憂鬱　妬み　迷い　恐怖　許さない心　こだわる心　苦しみ

身・心・霊を三位一体で整える

病気には物的なもの、心的なもの、霊的なものがあるということです。たとえばお腹が痛いというのは物的な症状です。悪いものを食べてお腹が痛くなるのは、原因も物的です。

しかし、仕事が忙しくストレスが溜まってお腹が痛くなることもあります。これは心的な腹痛です。そして、ご先祖様の中にお腹の病気で亡くなり、今も苦しんで助けを求めている人が送るメッセージもあります。これが霊的な腹痛です。争いや憎しみ、恨み、妬みなどから悪念、生霊を受けてお腹が痛くなるのも霊的なものです。

身体に水が溜まる症状の人は、お墓の中に水が溜まっているケースが多いそうです。ちなみに、内臓の不調はご先祖様からのメッセージ、腰や肩の不調は他人から受けるメッセージであることが多いようです。人を愛せない。これも不幸の原因になります。

こういったことの多くは、ストレスが引き起こしています。そのストレスのもととなるのは不満、不安、自信のなさ、怒り、迷い、拒絶、思い通りにしたいというわがままなどです。正しくまっすぐに生きること、正義を貫くことが健康で楽しく生きること、つまり幸せへの道です。

家族が仲良く、親孝行をする人、他人に感謝して、毎日「ありがとう」の心で生きる人、おおらかな心、穏やかな心で周りの人に好かれる人。世のため人のために尽くし、無償の愛で出会った人を助ける人。そして自分自身が幸せだと気づいている人。そういう幸せな人になるために、今日からできること、するべきことがあります。

不幸をもたらす者は、人間の心の悪い面「まこと」に反する心
(一)妬み心(二)怒り心(三)憂い心(四)悲しみ心(五)淫り心(六)競い心(七)あせり心を持ち、これら七つの心をなくすよう努力するのが宜しい

生霊と血圧の関係

心の研発43年の中で、血圧と生霊の身体に変化があることに気づいたことをお伝

えします。
毎日、朝・昼・夕方と1年間にわたり血圧を計った結果、人の念（生霊）が身体に変化をきたすことを発見しました。他人からの妬み、恨めしい、助けて欲しい、怒り、憎しみ等の思いがきた時には、身体の胸の苦しさ、頭痛・肩こり・手のしびれ・腰痛等が起きてきます。そして身体全体がきつくてだるく、仕事もしたくない状態になる。身体に念を送られてきたら、身体の痛み等色々な身体の変化が起きてきます。私の場合はその原因を知人の霊能者2人にみてもらい、恨みを送ってきている相手の思いを尋ねて、それが霊能者2人共に同じ人だった場合は、相手に詫びて祈りをささげることにしています。相手に対して、心から詫びて、相手の心が穏やかになるように祈りをするのです。

相手の念がきてから2時間から3時間ぐらいしたら、血圧が20～30高くなる。そして相手に詫びの祈りをしてから約3～4時間ぐらいするとだんだん血圧が下がっている状態を1年間かけて勉強しました。

生霊・死霊の私の見分け方は、もし身体の肩の痛み等の場合、祈ることによって死霊は何分後かに消えていく。生霊の場合は、薄赤いオーラが見えて消えるまで祈ることで消えていく。もしくは、身体の不調は半日から1日位して軽くなると思う。いかに人間関係は自分は何も思っていなくても、相手の思い方、考え方で悪い方へいき悪念を送られてしまうかということです。短い間ならまだしも、長く続くと、悪念を発する人のご先祖様は、あの世で心配して苦しんで、事業も家庭も努力しても悪い方に行くことに早く気づいてほしいと心から思います。

このように争いを長い年月すると悪念を発した人も受けた人も不調になり、病気として現れると私は43年間の心の研究で思います。

大学病院等で沢山の人が、検査をして何もないのは人間関係が原因だと思います。80%の人が人間関係で、痛み、目まい、しびれ等に悩まされていることを、無料相談で全国の人を助けてきた中で、感じています。医者は皆ストレスと言いますが、原因はそれぞれに違います。頭痛、ひざ痛、腰痛の人は相手の念が身体に蓄積して

一生痛み等で苦労すると思います。南極北極の雪のように身体に蓄積するのではないでしょうか。早く気づいてお互い食事でもしながら、自分は悪くなくても理解ある方が相手に詫びてお互いの思いを水に流すことが大切です。

高齢になると身体は弱くなるが、念力（念の思い）は強くなります。相手の念が強力な時は、血圧の薬が効果がなくなります。（自分の実験）

一般の人は念を発すること、念を受けていることもわからないでしょうが、誰かと争った後にすぐ肩甲骨に念はきます。左側は女性、右側が男性です。仕事の疲れは一晩休むととれますが、念（生霊）を受けると体の疲れだるい状態がずっと続きます。そういう時は、他人から念を受けていると思いますから、相手がわかったら、お許し下さいと祈り、又相手の心が穏やかになるように祈ることが大切です。

生霊の相手の幸せを願って祈る。『ありがとう、ごめんなさい』が一番大切です。

生霊を祈りで軽くする

人間関係がこじれて怒りや恨み、妬みなどを受けると、身体のあちこちに不調が現れます。これは自分が良い悪いではなく、相手からの想念だから厄介です。

その想念は生霊と言い換えることができます。実は、心身の不調の80％ほどが、生霊です。相手に対する悪い想いが伝わることで、互いに悪い影響を与え合い、どちらも肉体の弱い部分に不調を起こすのです。

もっともひどいのは身内の争いで受ける悪念です。難病となって現れることも多くなります。

生霊は祈りで一時的に軽くなることはありますが、簡単には止めることができません。自分ではなく相手の心だからです。それではどうしたらいいのか、私は研究を続けてきました。そこで導き出した生霊からの悪影響を軽くする方法を記します。

生霊が身体から出ていく時は、口からゲップとして、下からはオナラとして出ていくことが多いと感じます。

祈り悪念を断ち切る

① 神棚のコップに水を入れて少量の塩を加え、その水を飲む。または痛みのある場所、不調を感じる場所につける。

② 朝、酒を家のまわりにまく。

③ 生霊を送ってくる相手がわかったら、謝り祈る。自分が悪くなくても、心から謝り相手のために祈ること。悪い想念が互いに伝わるように、良い念も相手に伝わり自分にも返ってきます。

生霊はうらめしいという想いの心　念は相手の想い、憎しみの心

大切なのは真心で感謝し、祈ることです。自分のご先祖様に、父母に、そして相

手に向けて愛と感謝を伝えることです。

霊媒体質の人に思う（全体の6%）

全国から毎日のように電話をいただいて遠隔治療をしてきて思うことは、霊媒体質の人は、生まれながらにしてあの世とこの世の仲介者のようです。この霊媒体質の人の身体一部分（頭・肩・腰・膝・足等）にあの世の人が助けを求めてくるようです。この人に頼れば、助けて頂けるとあの世の人は知っているようです。

霊は、先祖全霊に導かれて行くように祈ることで、すぐ身体から離れ光の見える良い所に上がっていきます。このように、あの世で苦しんでいる霊を光の見える方に導いてあげると、ご先祖様から必ずお礼のメッセージがきます。あの世の人は、この世の人と違って必ず感謝のメッセージが、私の身体のどこかにきます。

信仰

私は信仰とは〝感謝〟と〝懺悔〟ではないかと思います。毎日朝起きたら神様仏様に参る言葉として「今日一日、お護り下さい」と、あるいは「おまかせします」と祈ります。夜は休む前「今日一日お護り下さいまして、ありがとうございました」（感謝の心）そして、「何か私にあやまちがありましたら、お許し下さい」と（懺悔の心）で一日のはじめと終わりに祈ります。その祈りの心こそが信仰だと思います。

祈り

２０１２年5月26日～27日のこと、震災で、海に放射能が流出しているため、

九十九里浜へ高千穂の水を流し放射能流出を詫びる

海の神々にお詫びのため、千葉県の九十九里浜にお祈りに行きました。

きっかけとなったのは、宮崎高千穂神社にお参りに行った時、宮司さんが「森安さん、海に沢山の放射能が流出しているのに政府、東電の方も一年も経つのに誰も海の神様にお詫びをしていない」と言われ、では私が理解ある方々と行ってくると伝えました。

高千穂の川の中の石一個と、水を供え、理解ある方4人で千葉県九十九里の川と海の中間に行ってお祈りをして参りました。その時お祈りが済んだ後、海水から2～3m離れていたお供物が、海水が2

回ほど打ち寄せてきて、お供物を海の方に運んでいきました。不思議なことに海水から2~3m離れているのに、海の神様が喜んでお供物を運んでくれたと私は思います。

このように科学では解明できない目に見えない世界が沢山あることに気づいて欲しいと思います。その後、海流にのって福島、仙台の方に伝わったと思います。そして神々の力で放射能の汚染が少しでもきれいになったと私は信じています。

福島へ祈りに行ったお礼

原発の被害に遭った福島にも祈りに行ってきました。

2012年頃の話です。

その時も私はとても不思議な体験をしました。

祈りに行く日を10月17日に決めましたら、その2日前の15日の午前4時。私の住んでいる九州長与のたんぼに宇宙から光が届きました。

光の玉のような存在が、まるで、これから祈りに行こうとしていることにお礼にきてくれたようです。その光は3回届き、なんとも言えない幸福な感覚をいただきました。

心から、うれしさが湧きあがりました。

17日は、郡山から3時間かけて、いわき市久之浜町田ノ浦 波立海岸へ祈りに行きました。

海水を祈る

海に向かい「人間のせいで海水を汚してしまい、誠に申し訳ございません」と心からお詫びして、一日も早くもとの海にもどれますことを祈りました。

すると3日後の20日に、また長与の田んぼに午前4時、宇宙から2回光が届きました。

ああ、宇宙の大いなる存在の神々からお礼が届いたのだと感じました。

神々の大いなる力を感じる体験は、わたしにとっても感謝しかありません。

感謝の心 反省の心 素直な心 水に流す心

「感謝の心 反省の心 素直な心」特に、この3つの心を毎日忘れずに自分自身でしっかり心に刻み、この世を去るまで実行したら、健康的で一生をいきいきとした人生で過ごせるものと確信しています。

他人は皆、自分の考えと同じようにいかないもの。それが人生というものです。一人ひとりの考えが違いますから良い方に心で思う人、悪い方に心で思う人、この悪い方に考えた人に対して素直な気持ちで〝ごめんなさい〟と、反省の心で謝ることが必要だと思っています。

そして誰とでもいつもにこにこと真心で付き合い、素直な心で感謝の気持ちを忘れなければ人間関係がスムーズにいって幸せな一生が暮せるものと確信しています。

夫婦間、親子、仕事の取引先、知人友人すべての人間関係において、意見の食い違い、考え方の違いでしばしは、衝突は起きてしまいます。誤解から始まり、それまで続いてきた人間関係が消滅してしまうことさえあります。そんなとき、わたしは意見を戦わせることを勧めています。我慢したり、一人悔しさを抱えたりすることは、相手への恨みへとつながります。

そして、ストレスが溜まり身体に支障をきたすことになります。ですから、言いたいことはお互い言い合い、そして、水に流す。可能であれば、食事などしながら、和解をしていくことです。それが、双方ともに恨みの念を送り、送られることにならない最善の方法だと思います。

水に流すという文化は日本人ならではの考え方でもあり、わたし大変良いことだと思っています。

心霊治療について

長年、悩める人々の相談を受けて思うことは、他界したご先祖様からの想念に耳を傾けず先祖供養をしない、生きている人の想念、邪念という生霊を受けての病気、ケガ等の不幸に見舞われていることが多いことを痛感しています。

心霊治療では、ヒーリングの他に相談者の病気、痛み等となる原因を見つけ、根本原因となる解決方法をアドバイスします。相談者は、素直に〝気づき〟速やかに実行する人は、心身の不調痛みが早くおさまり、その後の人生にも良い兆しが見えてきます。

ところが、我が強く人の言うことにいちいち理屈をこねる相談者は、〝気づき〟もなくアドバイスには一切耳を傾けようとしません。こういう人は業の深い人たちですから、なかなか改善がみられません。まず、我を捨て、人の話を素直に聞き自分の行動や心の在り方を反省する〝気づき〟が大切です。さらに言えば日々〝感謝〟と〝懺悔〟の気持ちをもって、世のため、人のために役立つように心がけ行動すればご先祖様も喜び、自己の魂は向上します。そして後半の人生は必ずや幸せが訪れることでしょう。この〝気づき〟と実践こそが心霊を学ぶ最も大切なことだと私は確信しています。

心霊治療の目的は人に自覚を促す助けであって、本人が正しい道をすすむことだと思います。心霊治療は痛み等がとれたあとのケアが大切です。その後の心の持ち方で人生が変わります。特に他人に憎しみをもたない、憎まない心で過ごすようにしてこそ良い結果が現れると思います。病気になった場合は、現在の医学と心霊治療を両立してこそ、車の車輪のようにすばらしい結果が期待できると思います。病気の快復も早くなり、ご先祖様も喜び、その後の人生を健康に取り戻すと思います。

心霊治療の見分け方

大別して、私たちに災いをもたらす霊には、生霊（生きている人の想い、生きている人に対するメッセージ等）と、死霊（亡くなっている人からの助けを求めている思い）があります。生霊の場合は心霊治療をしてもすぐには軽くならないことがほとんどです。1日位してから軽くなり、また2～3日すると相手からの想いですから、相手の心の想いが、消えるまでくると私の経験では感じられます。軽くなった2、3日は、念を発している相手に返り、相手は体調が不調になるように感じられます。

このように生霊は一番つらいと思います。受けた方も、発した方も長く続くと、お互いが痛みやつらさで苦しむと、私は自分の経験や人を癒してきたなかで、痛感しています。

この世において霊と人とが共に心を通わせてこそ、初めて人々は幸せになり、ご先祖様は心安らかになり、生きている人を護ってくれるものと思います。現世で悩み、苦しめば先祖も心安らかにならず、この世に縁ある人に救いを求めてこの世に来るようです。人間の世でも同じ事、他人であれ夫や妻であれ、また我が子であれ相手と常に心を通わせれば、そこに信頼と信用が生まれ何事もうまくいくと思います。

憎しみの心を水に流すことで運は良くなる

人間ですから、一時的に憎んだり憎まれたりすることはあると思います。しかし、長い年月憎しみを持ち続けていることは不幸の始まりです。痛み、病気等いろいろなことが発生する原因のもとであると長年の心のケアの中で気づきました。

わたしは早く憎しみの心を水に流すように皆さんにアドバイスしています。アドバイスに対して素直な心と真心で実行している人は皆良い結果が得られています。その後の人生にプラスになっていると確信しています。

がんをはじめとしてあらゆる病気、身体の痛み、不調など、人間関係の憎しみ合いによるものだと思っています。全部とはいえませんが、人生の中で心の葛藤が長年続くと、50代~80代にかけて身体の不調が来るようです。

神様は常にわたしたちを見守っています。わたしたちの幸せを支援しようとしています。神様の光は、わたしたちの周りに満ち溢れています。「神」という表現に抵抗がある方であれば創造主でもかまいません。成長への真理でもかまいません。わたしたちの存在を超えた絶対の力でもいいでしょう。人間の力を超えた目に見えない存在があります。その見えない力がわたしたちを助けようとしています。

本来ならば、その力がわたしたちに届いてしかるべきですが、これを拒んでいるものがあります。それが「恨み」や「呪い」といった人間の持つ邪悪な心です。神様が助けたくても「恨み」の心がこれを妨げているのです。

親への感謝で幸福は訪れる

わたしはご先祖様には感謝しなさいと、常々口にしていますが、なかでも両親は大切です。両親をないがしろにして人間は幸福になることはできません。両親への恨みは神様からの光を妨げます。助けたくても、争いの念波が支援を拒んでしまうのです。両親には感謝しなければなりません。

商売や人から受けた相談事を通じて、人間関係の大切さを40、50代になって気づきました。今、いじめなどが社会問題になっていますが、若いときから争いごとをすると老後は幸せが訪れないと思います。人をいじめると相手から悪い念いがきて、互いに体調が不調になるからです。

一方、若いときからボランティアなどで社会に貢献することで、老後の人生が幸せになると思います。社会貢献すれば、会社員でも営業マンでも、目に見えないところで応援してくれる人がいます。このような人は保険や車のセールスでトップの成績をあげており、みな良心的で誠実です。

父母を大切にすることで人間関係がうまくいき、運も味方をしてくれると確信します。

「親孝行」というと、今の若い人たちにとっては古くさく思うかもしれませんが、「這えば立て、立てば歩めの親心」というように、親は、わが子が幾つになっても成長と幸せを願っています。この親心こそ、自然な愛情の発露だと思います。

近年、結婚しない男女が増え、共稼ぎで子どもをもたない夫婦、少子化や核家族化で郷里を離れ、親の面倒を見られない人もいます。親孝行したくても金銭的、時間的に余裕がない人もいます。だからと言って、そのことを親不孝だと決めつけるのは早計です。わたしは、70の半ばを越えて気づいたことがあります。真の親孝行とは、親にお金をあげることや面倒をみることだけではありません。親に心配をかけず、立派に社会に役立つ人間に成長してほしいと親は願っているのです。わたしたちの精神は悠久の先祖の流れを受け継いでいます。生かされていることに感謝し、家庭の和、人の和、社会の和を大切にして正しく生きることこそが、人の生きる道であり、親の恩に報いることではないでしょうか。

繰り返します。第一に感謝すべきは両親です。ビジネスの成功も、健康も両親への感謝なしには得ることはできません。

親への恨みの心は捨てるべし
まずは親への感謝なくして運はない

「負けるが勝ち」と相手に譲ることが運をつくる

志岐先生のところへ行って勉強したことのなかで大変重要なことは、「競争の時代は終わった」ということです。「競争ではなく共存の時代になっている」のです。

争って勝負をつける時代は過ぎ去ったのではないかと思います。助け合っていく時代となっているのです。

争っては禍根ばかりが残ります。はたして、争って、何を得ることができるのでしょうか。人を苦しめ泣かせることが正しいはずがありません。

そして、わたしは許すことが大切だと思っています。場合によっては負けることも大切ではないかとさえ信じています。勝ち続けることに意義がある時代ではないのです。

人が争えばそのご先祖様が苦しみます。とりわけ、親子や兄弟の争いはご先祖様を苦しめます。ご先祖様の苦しみは、身体の弱いところに現れます。

えてして子どもは親と競争して、親の代を超えようとします。これが親への感謝へとなって現れればいいのですが、親を追放しようなどというのはもってのほかです。

長崎の料亭でも似たような争いがあり、結局裁判沙汰になりました。

裁判までの騒ぎになれば、どちらが勝っても報われません。いずれ身体を壊し、身代をつぶします。その料亭も一人二人と従業員が離れていって、結局店を閉めてしまいました。

こういう時に訴えたいのが「負けるが勝ち」です。裁判で勝っても、ビジネスで生き残ることができるとは限りません。譲ってこそ生きる道があります。

親は感謝するべき存在で、会社から追い出したりするべきではありません。世間も許しませんし、お客様も支持しません。何より、ご先祖様が苦しみその苦しみが健康や商売に現れます。

儲けよう儲けようと思う人は損をします。そこで損をしても、努力を惜しまず這い上がってくる人が本物です。それがプロです。お金のありがたさや、他人の痛みもわかります。

政治家にもいました。この方は志城先生のところに出入りしていた方です。親と争うことになり、結局親子ともども総倒れになり、事業で営んでいた生コンも倒れました。その政治家は心臓を患い、車椅子生活になっています。

反対にこんな素晴らしい方がいました。左右の白目が澄んできれいなのです。

「子どものようにきれいな目をもつあなたは人間関係を素晴らしく生き方をした方

ですね」と尋ねると、

「両親からの教えで〝人との争いごとは絶対するな〟という先祖代々からの家訓のもとで育ちました」と答えます。

なんて素晴らしいと感動しました。人は皆争いごと、憎しみ合いを人生の中で繰り返すと白目が濁ってくるようです。争いごとが長く続くと、他の不幸が次から次に襲ってきます。

争いは不運、病い、身上をつぶすもと
「負けるが勝ち」と譲ることが運をつくる

恨まない、恨まれない生き方が運を上げる

商売で成功するには、得意先から信頼と信用をいただいて相手に利益を与えなければ、自分も栄えることはできません。

しかし、自分が栄えると、同業者からの恨みや妬みも生んでしまいます。これを放置しておくと、生霊となって襲ってきますから、健康を損ねたり、業績が低迷したりします。

同業者の身にもなって、感謝と懺悔の気持ちを忘れてはなりません。

欲は毒です。人間は生まれながらにいろいろなものが備わっています。お金も食べ物も、着る物も。それ以上のことに欲を出すのが毒なのです。人に迷惑をかけるのは毒です。人を騙したり、または脅かしたり、自分の我を出すということが毒。人もよし、自分もよしとするのをモットーとしましょう。

自分の運命を良くするための秘訣は次の二つ。

・素直に家族、兄弟、出会いの縁のある人に尽くすこと。
・先祖の悪い因果を少しでも良い方に向くために、恵まれない人を助け、世のため人のために我欲を捨て尽くすこと。

これらの積み重ねが自分の寿命を延ばし、ご先祖様の悪い因果も少しずつ消えて、健康で光り輝く人生を過ごせるとわたしは確信しています。

そして、その子孫は努力すれば良いことが必ずあります。それに気づくことが大切です。若い時から悪いことの繰り返しでは、老後の幸せは望み得ないと思います。良いことも悪いことも毎日ご先祖様は見ています。人を泣かせ、また恨み憎しみを他人に持たれると、自分自身に悪い生霊がきます。そのため、身体の痛み、心の病等の健康を害し老後まで苦しむことになります。

宿命はご先祖様からいただいた寿命だと思います。運命は自分で切り拓いていくものです。悪いことをすると寿命は縮まり、良いことをすると寿命は延びます。世のため、人のために尽くした人は、大病をしても命をご先祖様から護っていただいて、社会に貢献できると確信しています。

プラスの意識はプラスの現実となり、マイナスの意識はマイナスの現実となる

病気にかかり同じ程度の症状でも、早く回復する人、治りが遅い人、と個人差があります。ビジネスでも同じです。景気の波はどのような企業にも訪れますが、立ち直りの早い企業と、立ち直ることができず消えていく企業があります。

なぜなのか、わたしは以前から関心を持っていました。確かに人の体力には個人差があります。でも頑健そうな人は病気の治りが早く、ひ弱そうな人は治りが遅いとは必ずしも言い切れません。むしろ体力よりも心の持ちようではないかと、わたしは思っています。

前向きな明るい人、すなわち物事をプラス志向で楽観的に考える人。それに比べてよくため息をつくのが暗い人、すなわちマイナス志向で何事をも悲観的見方をする人です。これが、病気の治りや退院の早さの差になっていると思えるのです。

いつも明るくプラス志向の人は、たとえ病気になったとしても回復が早く、入院しても退院が早まる傾向があるように思います。心や精神の働きが、身体の細胞を活性化させるのでしょう。

アメリカのがん研究所の話ですが、がんに患ってもプラスの心の働きによって、がん細胞を攻撃するイメージ力が強化され、がん細胞を消滅させることが可能だと報告されています。

人生はいかなる時でも常に明るくプラス志向で行動すれば、必ずや「天は自ら助くるものを助く」ということなのです。

人生は常に努めて明るく前向きに生きたいものです。

希望のある限り心は若く
失望と共に老いるのです

職場では嫌わない、嫌われないように人間関係を重視する

職場においていくら高給を取っていても、人間関係がうまくいかないとストレスがたまり、やがて会社を辞めるか病気になっていくように思われます。生活するだけの給料があれば良いのではないでしょうか。職場の人間関係は、毎日顔を合わすのでうまくいかないと大変なストレスになります。しかし、喜びも悲しみも、憎しみも体験してこそ知る。知恵も湧き生かすことができるのです。あせるな、急ぐな、ちょうどいいようになるまで、待とう。いろいろな体験があって、今がある。言うな、嘆くな、今を喜び、くみ取り、これでよかったと、貴重な自分の歴史を無駄にしてはいけません。

毎日を真剣に生きるためには、無駄な浪費はしない、手順よく頭と身体を使うことだと思います。

そして、年齢に関係なくがんばることが大切です。
小さな喜び、大きな感謝、人を好きにならずして、いい人生はおくれません。
くよくよ悩む人は早く老化若死にします。
人に嫌われたら損、大損を大事な子に背負わせてはなりません。

職場では、人間関係を重視して、人を嫌わず、人から嫌われないように心がける

もしも他人から恨まれてしまったら？

ビジネスに浮き沈みの波はつきものです。しかし、そのダウンする傾向を掴み、回避する方法があります。なかには、その波が激しく、数カ月単位で大きなアップダウンを繰り返す会社もあります。

これは体調も同様です。訳もなく身体に痛みが走ることがあります。疲れからくる不調であれば、一日か二日で癒えます。倦怠感、肩こり、肩甲骨の凝りや痛み、手や頭のしびれ、膝痛、腰痛、神経痛など原因不明の痛みがこれにあたります。しかし、数週間にわたって取れない痛みは、別に理由があると考えた方が賢明です。

生霊を受けた人のオーラをみると、身体のまわりに薄赤い状態のものが見えます。その状態が長く続くと身体の変調ばかりでなく悲壮な憂き目にあう場合もあります。

わたしは、このような相談を多く受けます。そのような際にまず確認するのが、生霊の存在です。

生霊については今までも解説してきましたが、これほど厄介な存在はありません。生霊は執念深い人の邪念エネルギーなので、受けた人の症状の回復にはなかなか時間がかかり治りにくいものです。

生霊を受けた場合の対策としては、以下が考えられます。

●懺悔する

邪念を発している相手に心当たりがあるならば、たとえ自分は悪くなく理不尽と思っても、まず相手に対して「お許しください」と日々、朝夕祈ることです。生霊は邪念のエネルギーですから、発した人の気持ちがおさまったり、心変わりをしたり、誤解が解けたりすれば、受けた人の症状は自然と癒されていきます。

●粗塩（あらじお）を利用する

生霊、死霊に関わらず霊的な対処法では、粗塩を自分の背中にふりかけ、粗塩を入れた風呂に入ることも効き目が期待できます。

●マントラを唱える

真言のマントラを唱えるのも効果があります。マントラは古代インドにて仏陀や菩薩が説かれた聖なる言葉（呪文）で、日本には空海が伝えてきました。なかでも最も使われ、威力があるとされているのが、不動明王の真言です。以下に記しておきます。

ノウマク・サンマンダバザラダン・センダ・マカロシャダ・ソワタヤ・ウンタラ

タ・カンマン

光明真言も例にあげておきましょう。

オン・アボキャ・ベイロシャノウ・マカボダラ・マニ・ハンドマ・ジンバラ・ハラバリタヤ・ウン

なお、マントラは文字からだけで理解するのは不可能でしょう。しかるべき、能力者に教わり、仏に通じる回路を空けてもらう必要があります。

●和解する

何らかの手段で相手と和解するか、話し合って誤解を解くことが賢明です。

「怨みに報いるに徳を以てす。徳を以て怨みに報ゆ」という言葉があります。憎らしく怨みにふさわしい相手であっても、広い寛大な心で相手を許し、逆に徳をもって施します。いつまでも苦悶の心を持っていては自分が惨めになるばかりです。反対に嫉妬を受けた相手に対しては、**自分には非はなく理不尽に思えても嫉妬する人に対して心から詫びて祈るか、話し合って和解することが賢明です。**

憎んだ人とは誤解があるかもしれません。できれば食事でもしながら和解するの

がベストだと思いますが、できない時は毎日憎しみの心をもたらした相手に対して理不尽でも、真心で詫びていくしかないと思います。

祈るということは、良いことも悪いことも相手に伝わります。毎日が感謝と反省、素直な心で生活していれば健康で平安な一生を過ごせると思います。我欲を捨て、心がきれいであれば病気はしないと百歳の健康な人の話を聞いて、わたしも確信しています。

誰かから恨まれたら、自分は悪くなくても「お許しください」と祈ることで運が回復する

詫びて人間関係を好転させると、運も好転する

最近寄せられた相談例を紹介します。40代の方からですが、鋭い質問が含まれており、勉強になるのではないかと思われます。

相談者「仕事がなかなか安定しません。波があるのです」

森安「どのような仕事ですか」

相談者「コンピュータ関係です。Ｗｅｂ系が多いです」

森安「営業とかは？　やっていますか」

相談者「わりとする方だと思います」

森安「不調はいつぐらいからですか？」

相談者「２０１０年ぐらいからです」

森安「ああ、リーマンショックの影響が出始めたころですね」

相談者「それもあります」

森安「他に変わったことは？」
相談者「嫁さんの実家に引っ越しました。同居ではなく、庭をつぶして一戸建てを建てました。子どもが大きくなったものですから」
森安「実家とはうまくいっていますか」
相談者「微妙です」
森安「ほう」
相談者「家内の妹がいるんです。独身で実家にいます」
森安「なるほど……。仲が悪い」
相談者「仲が悪いです。あれほど性格の悪い女性は見たことがありません。あれでは嫁に行けそうにありません」
森安「それですね。恨んでいますか」
相談者「恨むまではいかなくとも、とても仲良くできそうにありません。向こうの家にはほとんど顔を出していません」
森安「詫びなさい」

相談者「誰に？」
森安「奥さんの妹さんにです」
相談者「なぜですか？　わたしはまったく悪くありません」
森安「恨みを持っています。あなたの心を変えない限り、あなたが抱えている問題は解消されません」
相談者「……ちょっと理解できません。向こうが詫びるのなら百歩譲ってわかるのですが、なんでわたしが詫びる必要があるのですか」
森安「物事をうまく改善するためです。心の持ち方を変えなければなりません」
相談者「わたしはあの女のために、三度土下座したことがあります」
森安「きつい性格のようですね」
相談者「あれほどきつい性格は見たことがありません。こっちはまったく非がないのに、少しでも言い合いになると、こちらが土下座するまで許してくれません」
森安「それはかわいそうに」
相談者「わたしは、心に問題あるというのは問題に対して安直すぎると思っています」

森安「と言いますと？」

相談者「よくスピリチュアリストの方は『心に原因がある』『心を変えなさい』と言います。二言目にはそういうことを言う方もいます。これって卑怯です。卑怯ではありませんか。何となく理屈があっていそうですけれど、人間心を変えるのが一番難しいと思いませんか。そこをつくのはいかがでしょうか」

森安「そうかもしれません」

相談者「心を変えるというのは、あきらめろというのと同じです。できるわけがありません」

森安「でも、事態を好転させたいと思いませんか？」

相談者「それはさせたいです」

森安「ならば詫びなさい」

相談者「どうも納得ができません。死んでも許したくない人がときおりいても不思議ではないと思います」

森安「そういう方もいます。しかし、それではビジネスも健康も家族も失います」
相談者「容易なことではありません。これほど大変なことはありません」
森安「容易なことですよ」
相談者「そうですか」
森安「負けるが勝ちというじゃないですか」
相談者「信じられません」
森安「詫びないと、あなたの過ちが子どもの代まで残ります」
相談者「信じられません」
森安「そういうものです。ビジネスも順調に回転します。親戚ともうまくいきます」
相談者「……」
森安「だまされたと思って詫びなさい。心の中でいいのです」
相談者「……」
森安「お子様は娘さんですか？　息子さんですか？」

相談者「娘です」
森安「娘さんのために、だまされたと思って詫びなさい。心の中でいいのです」
相談者「……」

この後、相談者のビジネスは波もなく好転しているようです。そういうものだとわたしは確信しています。「ごめんなさい」と心の中で3回、毎日祈るだけです。これだけでも事態は好転します。それこそ、だまされたと思って念じてください。

信じられないかもしれませんが、詫びることで不運は好転します。

第三章
健康でいるための明日への一歩

心の持ち方が健康を決める

現代の医学では治すことが難しい頭痛、肩こり、腰痛、しびれなど、体に現れる不調の原因が心にあると考えています。

出会いを得た方々の悩みを聞くうちに、人間の体の不調の原因の多くは、もとをたどれば人間関係からくるストレス、つまり心の葛藤が引き起こすのだということを学びました。

不思議なことですが、私の経験では体の左側の肩こり、頭痛などは女性との人間関係のストレスの現れ。右側の肩こり、頭痛などのもとは男性とのストレスが多いようです。そんな時は、相手のことを理解して心が調和していくよう願います。「自分は悪くない」と思っても、まず自分の心を鎮めること。すると不調という現象が軽くなり、健康な状態が戻ってくるはずです。

いつまでも健康でいること。それが幸せの基本です。年を経て経験を積んでくると、知らず知らずのうちに妬みや恨みを買っていることもあります。それを解消するように努めること。そして互いに理解し合い許し合えば、心身の不調の悩みから解放されると、私は確信しています。

病気災難は成長のチャンス、有難い事である。うんと成長しよう。滅多にない事だから。人に愛される言葉、行いを心がけよう。子どもを手本にしよう。どなた様も御神体をかかえておられる。義を尽くし、真を尽くさねばならぬ。無礼のないように。

病気の根源

ある女性から「長年腰痛で医者に通っても一向に良くなりません。私は悪霊か生霊にでも憑かれているのではないでしょうか?」との相談を受けたことがあります。

原因を探ると、この女性は、「あんたは安月給の無能な父親だ」と娘の前で夫を馬鹿にして罵り、夫も負けずに「この女は頭が悪くて満足に料理が作れず、いつもスーパーで買ってきた惣菜を食卓に並べるだけで役立たず」と妻に罵詈雑言を吐くのです。そこに来て一人娘も「こんな家に生まれてきたくなかった」と父母に悪態をつく始末。それぞれが自分の居場所を失って、まさに家庭崩壊寸前の有様でした。

そこで私は母親に「あなたのイライラする気持ちも分からないではありませんが、一家の長たる父親を娘さんの前で無能呼ばわりしていては、娘さんも父親を尊敬できず馬鹿にするのは当たり前です。失礼ながらこのような家庭環境では、あなたの病気もよくならず、娘さんも荒れて素直に育つはずはありません」と苦言を呈したのです。

「これは悪霊でもなければ、生霊でもありません。悪い言動を家庭に撒き散らかしてお互いを傷つけ、そのストレスがあなたの自律神経に変調をきたして腰痛の原因になっている」と諭しました。憎悪の念が強烈であればあるほど、大病に罹るものと思っています。「まずは、あなたが素直に自分の落ち度に気づいて優しいご自分に変えてごらんなさい。父親を立てて夫婦間の修復を図ることこそが幸せへの第一歩です。あなたの腰痛も自然と治りますよ」

はじめは夫の悪口や子どもの愚痴を散々こぼしていた母親も心の鬱積を吐き出したのか、素直に気づいたようで、すっきりした声に変わりました。

後日、その母親から弾んだ声で電話があり、「夫婦仲も元に戻り、一人娘も明るくなってまじめに登校するようになり、さらに驚いたことに不思議にも腰痛が治りました」との感謝の言葉でした。私もお役に立てた甲斐があり、とても印象深く覚えています。

家庭の和が乱れると一家は不幸せの道を辿り、心の痛みが身体の病気につながっていくのです。家庭の和の大切さに早く気づいて夫婦が互いにいたわり合うことこそが、家族の幸せと健康の基であると痛感しています。

身体の不調や病気などの原因のほぼ90％近くは、人間関係のトラブルである憎しみ、妬みによるものだと思います。病名や病気の程度は個人差がありますが、相手への憎悪の感情を変えて寛容な心になるならば、心の痛みは消え、身体の不調や病気も徐々に快方に向かうものと、多くの相談の中から私は会得しました。老後に膝や腰などが痛くなり、杖をついているお年寄りを見かけますが、そういう人は若い頃から人間関係のトラブルが多く起因しているものと思われます。

病気や要介護にならない方法とは

人間は誰でも年齢と共に身体が老化していきます。これは止められないことです。自分の身体と上手に付き合い、介護にならずに天寿をまっとうする人がいれば、自由がきかない身体になり、長い介護で自分も周りも大変なことになる人もいます。そこには肉体の状態だけでない原因があるような気がします。

今の自分の状態は、これまでしてきたことの結果です。そして今の自分の行いが、この先の自分の状態につながっていきます。老後の状態にはそれまでの生き方が現れるということです。良い状態で天寿をまっとうするためには、穏やかな人間関係と正しい食生活、そして感謝の心。私自身、これで一生健康に過ごせると信じて実践しています。介護にならないためには、若い時からできるだけ争い事をせず、他人に迷惑をかけないこと。世のため人のために尽くすこと。思いやりの心をもつことが大切だと思います。悪いことをしてきた人の老後は厳しいはずです。もちろん、自分の間違いに気づいて、反省し、人のために尽くしていけば、神にも仏にも周囲の人々にも許されて、良い方向に進むことができるでしょう。

たとえば私自身、前述のとおり心と身体の関わりを学ぶために血圧を測って気づいたことがあります。楽しい毎日を過ごした時は、血圧が通常より低くなります。人間関係で悩みがあったり、人から憎まれたり妬まれたりした時は、血圧が通常より10～20程度高くなります。すぐにはっきり表れるのです。夜眠れない時や、自分の中に怒りや憎しみがある時も血圧が上がります。医学的にはストレスが原因だと言われますが、それだけでしょうか。現代の医学では、原因も解決法もはっきりしない不調がたくさんあります。これだけ科学が進んだ今でも、人間の心身については、わかっていることのほうが少ないくらいです。

私たちは、心と身体が合わさって自分という人間です。身体だけを検査したり診察したりしても、わかることには限りがあるはずです。実際に、痛みや病気、原因不明の不調で苦しんでいる人が、争いをやめ、憎しみや妬みを捨てたことで調子が良くなる実例をたくさん見てきています。自分の目で見て聞いた本当のことなので疑いようがありません。

人は信念と共に若く
悪念・疑惑と共に老いていく

人の想念と病気の関係及び対処法について

・前立腺がん　心から見た場合

女性からの憎しみ、怒りが原因。

相手の女性に対して毎日お許し下さいと祈ることによって軽くなっていくことでしょう。

・肺がん　心から見た場合

女性からの念は左側、男性からの念は右側に現れる。長い年月の間に左右の胸の痛み等が現れる。相手からの念がきたら、毎日許して下さい、と相手を思い出して祈る。そして相手が心から穏やかになるように祈る。

・膵臓がん

身内で長い年月争いをして憎しみの心を感じる。

心を入れ替えると軽くなっていく。

・胃腸の病気

長い年月、相手に対して不平不満を心にためないこと。胃腸の不調になったら自分の相念のあやまちを心の中でお許し下さいと祈ると軽くなっていくでしょう。

・肝臓の病気

酒を飲まずにこの病気になる人は、怒りっぽい人が多い傾向があります。なるだけ心を穏やかに保ち、怒らないように気をつける。酒を飲んでも楽しいお酒であればなりにくいでしょう。ストレス解消のため、悪い心で飲む人は肝臓が悪くなると思います。

・子宮の病気

女性同士の憎しみ合いで両者共に子宮が悪くなる傾向にあります。

・目の病気

目が急に充血する時、相手が強い怒り憎しみを発した時。

左目は女性。右目は男性。相手にお詫びの祈りをする。

健康とは健全な肉体に宿る健全な精神のことである

心と霊的作用における病気について

昔から〝病は気から〟と言われています。病は気の持ちようによって良くも悪くもなることは、医学的に証明されています。心と体は密接な関係にあり、心に悩みが尽きない人はストレスによって交感神経が過敏に働き胃潰瘍やがんなどの病気になると言われています。

私は病院などで治療を長く受けても、病状が一向に快方に向かわない人々の相談を受けて、ヒーリングや遠隔治療による研究を43年間、ボランティアで実践活動を行っています。具体的には、直接面談したり、遠方の人には電話で話を聞いて、アドバイスしたり、ヒーリングや祈り、遠隔治療なども行っています。この方法は一般的にいえば心霊治療の分野になると思います。相談者が素直に自分自身の心の過ちに気づき反省すれば、病状の回復が早まり、自我が強く頑固な人は、回復が遅い事が分かっています。

人間の本質は、肉体、心（精神）、魂（意識）の三位一体であると考えています。脳（思考）とは別に、心という感情や霊的意識のエネルギーが魂に作用して、肉体に病気を引き起こすケースもあると思います。

しかし、過度のストレスなどで心の病（うつ病、神経症など）を起こす事は医学でも認められています。次頁では現代医学では認めない、あるいは無視している霊的作用によって病気になるケースを取り上げて、特に、生きている人の執念が「生霊」（妬み、恨み、憎しみ、嫉みなどの強力な想念）となり、相手の心身に悪影響を及ぼす事例を挙げ、その症状と対処法などを説明していきます。

たとえば、「ありがとう」という快い想念は、心身に良い作用を及ぼしますが、「憎い」という怨念が生霊になると憎む相手の魂を委縮させ、自他共に悪影響を及ぼします。

その対処法として、「目に見えないエネルギー」を用いたスピリチュアル・ヒーリングの効用等具体的な事例を挙げて説明していきます。

[実例①] 女性30歳。2年前に離婚。女性はひとり娘を引き取ったが、生活のためにパートで働きに出る。小学校に入学した娘（7歳）は身体の震えを訴え、入学2カ月後に、登校拒否となる。女性は娘のことが心配で目下休職中。女性は右耳が難聴となる。病院や霊能者巡りをしたが回復せず相談に訪れた。

◯原因：娘はやたらと身体を触るような仕草があるとのこと。これは心の淋しさと親からの愛情不足の現れであり、身体の震えは不安感の現れと思われる。女性の難聴は男性（元夫）との会話を頑なに拒絶した心の現れと思われる。

◯処置：母親が娘にまずはたくさん愛情をそそぐことが大切であり、娘さんと同じ目線で「お母さんはあなたが大好きなのよ」と強く抱きしめてあげて欲しいとアドバイスする。

娘さんの淋しさと不安感は、母親が愛情をいっぱい与えることにより安心感が得られ心が癒される。体の震えも自然に治まってくると思う。女性の難聴は夫の話を無意識的に聞きたくないという現れであり、今後は素直に人の話を聞き入れることが大切だと諭す。その後でハンドヒーリングを行う。

○結果：母娘共に心の葛藤が原因で心身に症状として現れたもの。アドバイスにより彼女も素直に気づいて実行したため、わずか1カ月後には、母娘共に精神的に安定し、症状が快方に向っている。

［実例②］ 男性41歳、自営業。左側の頭痛、左肩の痛みが6カ月以上続き通院したが、一向に快方に向かわないという。そのため電話で相談を求めてきた。

○原因：男性は妻からの強い憎しみ、怒りを受けていると私は直観した。本人に確かめると、喧嘩が絶えず夫婦仲が険悪であるとのこと。生霊と心因性の病と思われる。

○処置：遠隔治療を施し、痛みの軽減を図る。さらに「今から奥さんに〝ごめんなさい〟と毎日謝り、祈りなさい」と諭す。素直に実行すれば痛みは軽減すると伝えた。
○結果：アドバイス通りに実行したら、1ヵ月後にはほぼ痛みが治まったという。

［実例③］女性46才、会社員。左目が赤く充血し、1ヵ月前より身体が気だるく何をするにも億劫だという。霊障ではないかと直接相談に来られた。
○原因：相手からの強い怒り、憎しみの念が生霊となってきていると感じる。果たして、職場で女性からとても恨まれていることを告白した。
○処置：生霊のために心霊治療を施し、詫びて祈るようアドバイス。早く気づいて和解することが肝要だとアドバイスする。
○結果：2～3日で目の充血は消えたという。身体の気だるさは少し軽減したとのこと。
人の恨み、妬み、嫉みなどの強い怨念は、生霊になって相手の心身に影響を及ぼすが、恨んだ者、恨まれた者も互いに不幸になるので、早く気づいて人間関係を修復することが解決への早道である。医学では理解できない事象である。

［事例④］　女性52歳、主婦。めまいが3年ほど続く。病院では治らず相談を受けた。

○原因：顔色が優れず、心に不満が渦巻いていると察し訊ねると、夫に対して、長い歳月、憎しみ、怒りの気持ちを持ち続けていると訴える。本人は自律神経系のアンバランスによる原因でめまいという心因性の症状が現れたものと思われる。

○処置：互いに育ってきた環境が違う夫婦は、ものの見方とか価値観や性格の違いなどから意見が衝突して口論になってしまうことがある。思いやりや感謝の気持ちが大切だとは分かっていても、つい感情が先立ってしまう。そこで相手が変わることを期待しても無理なので、まずは自分が変わり、優しく感謝の言葉を思い切って口に出すよう心がけて実行するよう諭す。

○結果：素直に実践したら、2カ月後からめまいの症状が治まってきたという。相談で感じることは、〝人生は一生勉強〞です。

［実例⑤］男性56歳、会社員。前立腺がん。抗がん剤の副作用で頭髪は抜け、顔色は青白く体力も衰えてきて、生きる気力が無くなったとの悩み相談であった。

○原因：男性の浮気が原因で離婚したが、前妻から強い憎しみを受けていると感じられた。

特に別れ際の妻の悔しい強い怨念が「生霊」となって、その怨念を受けて心身に変調をもたらし、病気になったケースである。

○処置：「生霊」なので治療を施し、男性自身でも毎日、前妻に真心から謝り、真剣に祈ることが大切だとアドバイスする。本人は信仰心があるので、前妻に詫びて、本人も病気に打ち勝つ強い信念を持つならば、次第に快方に向かうだろうと話す。

○結果：何度も心霊治療を施し、８カ月後には完全に回復してきたので医者も奇跡だと驚いているとのこと。
これは夫が浮気して妻から憎まれ「生霊」を受けた典型的なケースであるが、怨念を飛ばした妻自身にも右に乳ガンが現れたとのこと。浮気相手の女性にも左側に乳ガンが発症することがあると、経験上からそう思っている。

生霊を受けたときの症状と特徴のまとめ

生きている人の憎悪、怨念、嫉妬などの執念が生霊となり強力なエネルギーを生じ、憎む相手に発信される。その怨念を受けた人は、次のような症状が心身に現われる。

・身体的症状：全身の倦怠感、原因不明の偏頭痛、首肩の凝りや痛み、足腰の痛み、背中の痛み、目の充血、瞼の下が黒ずむ、目じりが少し腫れる等々。

・**精神的症状**：気が落ち着かない、情緒不安定、うつ状態、集中力低下、不眠症、食欲不振、イライラ、スッキリしない、けがや事故を起こしやすい等々。

・**特記**：身体の左側の痛み、肩こりなどは、女性からの憎しみや怒り、嫉みなどの想念。

身体の右側の痛み、肩こりなどは、男性からの憎しみ、怒り、嫉みなどの想念。

全てではありませんが、ほぼ7割～8割は相手の怨念が原因と考えられます。

心霊治療と対処法

死霊は死者の霊魂ですが、死んでも成仏できず未浄化霊となって霊界に行けない霊魂は、時には同調者に憑依する場合があります。憑依した人は心身の変調をきたします。霊能力のある人が視ればわかるので、除霊、浄霊すれば憑依を受けた人の症状は治まります。

ところが生霊の場合は、怨念を持ち続けている人が心変わりしない限り、いつまでも怨念が発信されるので祓っても一時凌ぎのもので、解決するのは難しいことです。

これら霊的作用を受けた病気を治すには、やはり霊的手段で病気を治療する方法があります。一般的に「心霊治療」と呼んでいますが、海外では広義のスピリチュアル・ヒーリングと呼び、欧米では国家的にも認められています。

スピリチュアルヒーリングのエネルギーは、２つの方法があります。

①治療者（ヒーラー）自身の生体エネルギーを相手（患者）の身体に注入する方法。

②霊界の医師の助力を得て、霊界からのエネルギーを治療者から通して相手に送る方法。

私は①の自分自身の生体エネルギーを使うケースと②の心霊的なエネルギーを送るスピリチュアル・ヒーリングですが、それに祈りを加えて、ボランティア（無料）で電話相談や遠隔治療を行ってきました。

生霊は相手の強い恨み、憎しみ、嫉み、妬みなどの怨念のエネルギーが発信されるので、生霊を受けた人も、送った人も共に不幸になる事必定です。もし恨まれていると感じたならば、たとえ理不尽であっても早く相手に心から詫びて祈るか、直接会って和解することが生霊対処法としての秘訣です。私の場合は、九字を切り、怨念を送った人に心から詫び、祈ります。

〝祈りは医療の基本〟といいます。神仏に祈り、ご加護や啓示を頂くと、より相乗効果があると思います。

想念と病気との関係

近年の医療・医学の進歩により治療成績は著しく向上した。…という声を聞きますが、果たしてどうでしょうか。人は健康でありたい、病気を治したいと願っていますす。しかし大勢の人が病気で苦しんでいるのに、なぜ一向に病気は減らないのでしょうか?

今や2人に1人はがんに罹るといわれ、さらに認知症は3人に1人が予備軍だといわれています。心筋梗塞、脳梗塞などや原因不明の病気さえ増え、風邪ですら近代医学は対処法だけで根本から治すことはできないというのが現実の有様です。

しかし、私は現代医療を否定するつもりはありません。確かに医療により病気から救われている人も多くいます。私の長年の経験から言いたいことは、最新医学であっても解決できない病気もあるという事実を理解してほしいのです。

それは近代医学が軽視あるいは無視している、いわゆるサイ現象のような目に見えない、人の強い邪念がエネルギーとなって発せられ病気となった原因の究明です。

想念とは?

私達が心に思い浮かべる思考や感情などの想いが想念です。その想念を蓄積させると気のエネルギーとなり、いわばテレビやラジオの送信と同じように人が他者に発信すると、そのエネルギーを受けた人は心身に影響を及ぼすことがあるのです。

例えば、自分の妬み、嫉み、憎しみ、非難、激情の感情を長い間募らせると、その悪想念は相手に届きます。受け取った方は、イライラ、焦りなどの不快となり、ストレスが昂じ、仕事上の失敗や心身に変調をきたすことがあります。しかし、その想念を送った人も反作用を被るという事実です。

また、自分だけ良ければという利己主義の悪想念を抱き続けていると、自分自身、心身に不健康な状態やマイナスな作用が生じるのみならず、職場や家庭の人間関係にも伝わって悪影響を及ぼすことにもなり兼ねません。一方、喜び、感謝、ハッピーな想念を発信すると、周囲にも和やかな雰囲気が広がり人間関係にプラスの効果を及ぼします。まさに人の想念は以心伝心という言葉がある通り、互いの心から心に伝わります。

悪想念が及ぼす症例

悩み相談を行ってきた体験から、言えることは、今生きている人の悪想念（生霊）や他界した人の思念（死霊）が波動エネルギーとなって今生の人に作用して、様々な悪影響を及ぼすという事実を確信しています。

その上で実践を通して、想念に関する研究を行っていますので、いくつかの具体的な症例を列挙して簡単な説明を加えたいと思います。

症例①

・内容：80歳の頃に医者から余命あと半年と通告を受けた男性からの相談。

・症状：血液の減少、右肩や右手の筋肉の委縮。胃痛。身体衰弱。

・原因：本人は身内に対して強い怒り、憎しみを長年持ち続け、悪想念が自分自身の身体に反作用として難病とされ、医者ではその原因は分からなかった。

・結果：身内に悪想念を強く送り続け、この想念が自身に返ってきて病気になった。

寛容の精神を持つように諭し、男性も自分の所業を反省、懺悔して相手にも詫びを入れたら次第に辛い病状から解放された。しかも88歳まで生きた。

症例②

・内容：妻と離婚してから内臓の病気に罹り、病院に入院している男性からの相談。

・症状：両足を見ると、左の親指が黒ずみ、中指に黒い斑点ができていた。

・原因：直感的に離婚した元妻から恨みの悪想念を男性が長い年月受けていたことを感じた。

・結果：「毎日、真心でお許しを願い祈りなさい」とアドバイス。日々欠かさず反省と祈りを実行したら、男性は次第に病状が快方に向かう。黒い爪の状態も消え、今は健康な人生を送っている。離婚後、別れた相手から悪想念がいつまでも発せられると受けた人は幸せになれないケースが多い。

症例③

・内容：女性から長い間、恨まれて心身が変調、悩んでいるという男性からの相談。

・症状：男性の左足の親指の爪が黒ずみ、爪に横波のようにデコボコになっている。

一般的に女性から恨まれた場合には、左側の指や足指に異変が現れる。男性からの恨みを受けた場合には、右側に異変が現れるように思う。

・原因：女性からの邪念が「生霊」として男性に送られて、男性は心身に変調を来す。

・結果：相手の女性に対して心から詫び、幸せになるように祈るよう諭す。男性は気づきだけでなく実行したら、次第に爪の色が平常に変わり、健康を取り戻した。

症例④

・内容：親が亡くなり遺産相続で兄弟姉妹が争う。その長兄から相談を受ける。

・症状：頭痛、肩こり、腰痛等と財産争いでも悩んでいる。
・原因：兄弟姉妹らの互いに憎しみ合う想念が心身に変調をきたしていると感じた。
・結果：ご先祖様も他界した父母も心配していると話す。その後兄弟姉妹が財産を平等に分配して決着したので、兄弟姉妹のわだかまりも消えて修復が図れた。

遺産における兄弟間の争いは、ご先祖様が苦しみ人生の不幸の始まりとなる。

症例⑤

・内容：息子が父親に対して反抗的で、親子の不仲の悩みで相談を受ける。
・状態：一般的に父親と娘、母親と息子は仲が良いことが多い。このケースでも息子は父親に対して非常に反抗的で暴力も振るうことがあるという。
・原因：父親は子育ての段階で息子には厳し過ぎる愛情の偏りがある。子どもを平等に育てなかったようだ。子どもからの不満の想念を感じた。
・結果：父親には子どもは平等に愛情をかけるように説得した。父親も素直に聞き入れ、その後、子どもに対するわけ隔てのない愛情を注いだので息子との仲も修復できたという。

症例⑥

・内容：長年連れ添ってきたが、夫婦げんかが絶えない。離婚を考えた妻からの相談。

・症状：ストレスが高じて頭痛、肩こり、胃潰瘍気味。

・原因：夫婦関係はなくなり、憎しみ合いの状態だが、子どものことを考えると我慢。

夫婦間の思い違いが露呈し、互いに悪想念を抱くようになった。

・結果：互いに違う環境で育てば、考え方が違うのは当たり前。ご先祖様、父母に感謝して、互いに思いやりの心をもって努めれば、自分も変わり相手の態度も変わってくる。離婚をすると子孫にも尾を引くので、「人生の修行」と思って魂の向上に努めなさいと励ます。その後、奥さんは離婚をとどまった。

症例⑦

・異変：（東京〜長崎）に向かう航空機内で、近くの乗客が急に顔面蒼白となり心身の異変を訴えた。

・状態：客室乗務員らが呼び掛けたが、医者の同乗がなかった。直観的に乗客に霊的念による憑依だと思った。

・原因：以前、航空機で死者を運搬した霊が救われたい、供養して欲しいと霊媒体質者に憑依したものと思われ、私は除霊とヒーリングを施した。

・結果：九字を切り、除霊を行ったら不調の乗客も間もなく気を取り戻した。

症状⑧

・異変：山奥の林道を車で走行中、突如、前輪のタイヤがパンクして、修理工場に依頼し車をけん引してもらった。

・症状：夜寝つける状態ではなかったので、夜中に祈念するとその後は熟睡できた。

・原因：事故現場で亡くなった人々の霊的思念が残留し、霊が救いを求めていた。
・結果：事故現場で亡くなった人の霊（死霊）を祈念したことにより、霊も安らかな状態になったと思われる。

身体の不調の原因、肉体的、精神的、霊的なことについて

①想念のエネルギー

人の感情で不平、不満、憎悪、嫉妬といった悪想念は、邪念エネルギーとなり相手に向けて発信されると、そのエネルギーを受けた人は心身に災いという形で現れてきます。つまり良い想念は良い作用を、悪い想念は悪作用を及ぼしますので、日常の生活で常に良い想念を抱くことが大切なことだと思います。

②言霊の力

言霊の力を感じることがあります。たとえば、「ありがとう！」という言葉を両親、夫婦、わが子のみならず他人であっても、素直に感謝の言葉を発することは、人間関係を円滑にするのみならず、人生を豊かにして、幸せを招く。それが言霊の力です。

③感謝の祈り

日常生活で夫婦や家族や社会全体、お互いに人々は支え合いながら生きています。命をいただいている父母に感謝し、ご先祖様に朝夕と感謝の祈りを捧げるならば、一家安泰となりましょう。また大自然の恵みにも感謝の思いを忘れないこと。そういったことは、子どもに強制しなくとも、親の後ろ姿を見ていると自然と子どもは学ぶものです。目に見えないものに対する畏敬の念を表すことは人間として大切な事と言えましょう。感謝の言葉や喜びの感情の想念もまた大きなエネルギーとなり、自他ともに良い影響を及ぼします。

④徳積み

現世で「世のため、人のために尽くす」ことは、徳積みとして最善の人生の生き方だと思います。心優しく、思いやりのある人は、目に見えない世界で神様もご先祖様も徳を与え、守護してくれるものと私は確信しています。

このような心がけの人が霊界に旅立つ際には、安らかに往生するよう取り計らって下さることでしょう。

昔から「子孫のために美田を残さず」といわれるように、子孫のためにお金などの財産を残すより、徳を残すことが大切です。人は誰でも裸一貫で生まれ、あの世には何も持たず旅立つのです。なまじ財産を残すと子どもたちは醜い争いごとを起こすようになりかねず、人生相談でも多くの悩みとして考えさせられました。

⑤無償の愛と奉仕

人や動物、植物、物までも万物に愛情を持って慈しむならば、万物は必ずその心に応えるでしょう。犬や猫などのペットは無論ですが、植物でも愛をもって呼びかけると生育がよくなり、野菜でも実がよく生育することが実証されています。

また世のため、人のために社会に報酬を求めず奉仕をすると、目に見えない創造主からの大きな愛の贈り物が与えられます。大事なことは報いを求めないことですが。

①～⑤を通して、人が憎悪、嫉妬、不平、不満の感情など、憎しみの相手に強い思念を発していると、その悪想念は生霊となり、恨んだ相手に災いを及ぼすのみならず天に唾する如く、自分にもその災いが返ってくることをおわかりいただけたと思います。

無念で死んだ人の霊は死霊となり、成仏できずこの世に未練を残し地縛霊とか浮遊霊として、霊媒体質者に憑依して救いを求めてくる場合もあります。

いずれも生者の魂や死者の霊魂の思いの気のエネルギーが発せられると、怒りの感情は波動として伝搬して人に何らかの影響を及ぼすものといえます。

想念は目に見えず、消えてしまうように思われますが、強い思念が続く限り自他ともに影響を及ぼします。従って、人は悪い想念を持たないよう注意が大切です。

高い次元の意識、つまり祈りや徳積みや無償の愛はもちろん、目に見えずとも強く想ったり、祈ったりするなら、それも思念エネルギーになります。

昔から「一念岩をも通す」という諺があります。一途に強く思いを込めると岩のような堅く大きな障害があるにせよ、その障壁を乗り越え達成させることができると言われるように、その強いエネルギーの波動は、良し悪しに関わらず様々な影響をもたらすものと考えます。良い想念は良い作用を成し、逆に悪い想念は災いを及ぼすので、常に心の在り方が大切だといえましょう。

私たちは日々如何に生きたら良いでしょうか。それは気づくだけでは片手落ちであり「世のため、人のために」先ず行動して、良いと思うことは積極的に実践して自分の魂を磨いていくことが今生かされている私たちの努めだと考えます。

その人の顔を見ると、その人の心の中がみえると思います。いつも笑顔で感謝の心を持ち続けていると、顔は光輝いて、良い人生が送れると思います。逆に、暗い顔の人は心に不平不満がある。争い、憎しみあっている人は顔が暗く感じると思います。年齢より老けて見えると思います。良い人生を送るには、感謝の心が大切だと思います。その人の顔で健康状態がわかるような気がします。

健康長寿のために

健康長寿のための気づきや教訓を端的にお伝えしたいと思います。自身の経験とともに、たくさんの方々との出会いの中で、80～95歳までの人たちに聞いた経験談などから得たことをお伝えしたいと思います。

・長生きの秘訣はむやみに腹を立てないこと。嫌な想いは早く忘れること。心をきれいにし、世のため人のために働くこと。

・毎日を愛と仕事で生きることこそ健康なり。愛は宇宙の光なり。

・ご先祖様に身を任せ、自分の仕事に一生懸命打ち込むことが肉体を長持ちさせる秘訣。肉体を大切にすれば健康になり心も穏やかになる。

・人と人とのつながりを大切にすること。毎日誰かが訪ねて来ることや出会いに感謝すること。

・家に閉じこもっているのは良くない。冗談を言い合い笑って楽しく暮らすこと。

・世のため人のために尽くし、ご先祖様に感謝して夫婦仲良く、家庭でも外でも人と争わない。さらに夫婦の両家とも信仰心があって先祖も徳を積んでいるならば自ずと健康長寿となる。

・自然の中に身を置き自然と一体になる時間を作る。

また人間の生命体は、生老病死の自然の摂理にのっとったスピリチュアルな領域、すなわち「自然治癒力」の方が根本的治療に適していると考えます。

今こそ物質的豊かさから精神的豊かさの時代へとシフトすべき変革の時代であり、人々が正しい心の在り方を勉強し、スピリチュアルなものに〝気づく〟ことになれば、殺伐した世の中から心の温かい社会が蘇り、人々も幸せな安全な暮らしとなり、無病息災、ひいては美しい国づくりへの近道になると、私は確信しています。

屋久島の縄文杉からエネルギーをいただく

わが国の医療を考える場合、病気の予防、医療費節減からも西洋医学一辺倒ではなく、〝医学のための医療〟ではなく、〝患者のための医療〟へと改革されるよう提言致します。

心にストレスをためない。自分の意見は述べる。そしてその時一時的にいやな思いを相手に与えたかもしれませんが、早く解決して何事も我慢をしないで心の中をきれいにする事が大切と思います。人間関係をいつも感謝の心で過ごす事だと思います。

医者の必要性

本章の最後に、これまでと全く逆ではないかと思われることを伝えます。

このことも大変大切な健康の秘訣です。

いまの不調が病気だと思ったら、早く医者の診察を受けることも大切です。何故なら、世の中には金銭目的だけの詐欺まがいの自称祈祷師や霊能者もいます。さらに病気が進行して手遅れになり取り返しのつかない事態も考えられるからです。

現代医学は急速な進歩を見せ、必ず治る病気も多々あります。しかし、未だ原因不明の病気や治療法がわからない病気も事実存在します。長く医者にかかっても病状が快方に向かわないケースも実際にあるからです。

世界保健機構（ＷＨＯ）では、健康の定義として、肉体的、心理的、霊的（スピリチュアル）な健康と、三つの健康を唱えています。しかし日本では、霊的治療は認知されていません。欧米では、西洋医学と伝統的医療との併用が認められ、アメリカでは西洋医療と代替医療の長所を生かした統合医療に向かっているのが現状です。

そこで我が国でも欧米のようにスピリチュアルヒーリングの本格的な実践、研究と信頼のおけるヒーラーの養成を行い、医学とスピリチュアルヒーリング双方の長所を生かした患者のための医療が行われることを切に願っています。

結論として、個人では日常生活において、素直、反省、寛容、無償の愛、奉仕精神を心掛けること。我欲を持たず、心を真っ直ぐに世のため、人のために尽くせば、誰からも恨まれることがなく、心の平安を得て幸せな人生を送ることができるのです。そういつも自分に言い聞かせ自戒しています。これが健康の秘訣ですから。

青春とは人生のある期間をいうのではありません。
心の状態がいつも明るく笑顔でいることこそが「青春」なのです。

第四章
魂の羅針盤

先祖・霊言について

私達は皆、ご先祖様から命を受け継いでいると思います。先祖あるいは今生きているおじいさん、おばあさんや父母に感謝の気持ちを忘れない事が大切です。そして父方母方のご先祖様を毎日思い出して、感謝と反省する事が大難は小難に、小難は無難になり幸せをつかむ事だと信じています。それが先祖供養の大切さであり心霊治療に通じるのではないでしょうか。

ご先祖様を供養してくれる人がいないと、長年たってもあの世で苦しむという事を知っていただきたいと思います。

島原・天草の乱では皆亡くなっているため、誰も供養してくれる人がいなかったようです。今生きている人は誰でも、ご先祖様より命をいただいているのですから、父母を大切にして、お墓にもできるだけお参りして、ご先祖様に感謝の心を伝えていけば、幸せが来ると思います。

ご先祖様の墓参りとその功徳について

私たちはご先祖様から連綿と命とＤＮＡを受け継いで生きています。ご先祖様のお陰があってこそ今の自分が存在するのです。ですからご先祖様に対して感謝と反省（懺悔）の心をもって、日々手を合わせることが私たちの勤めではないでしょうか。そして素直な気持ちで正直に、少しでも人のお役に立てるよう心がけて生活していくことが、何よりご先祖様は喜びます。その心がけがご先祖様と自分との目に見えない絆で結ばれ、ご加護を頂けるのではないでしょうか。

お墓には亡骸しかなく霊魂はいないという人がいますが、亡くなった人の霊魂はお墓を依り代として瞬時に宇宙の彼方から光のように現れるのです。

少なくとも故人の命日、春秋の彼岸、お盆などには、お墓参りをすることをお勧めします。若い時にはそれほど考えなかったものの、年齢を重ね少しばかり心霊のことを学ぶと、ご先祖様あっての自分であるという、目に見えない絆の繋がりが、いっそう強く感じられます。

いずれ誰でも必ず死を迎える時が来ます。その時、日頃からご先祖様を大切にしていると、自分が死を迎えた時に早くご先祖様が霊界から来て導いてくれるのです。

お墓が遠方にあって墓参りに行けない人は、仏壇か、あるいは心の中でご先祖様に真心から感謝してお祈りされるようお勧めします。

日常の習慣としてご先祖様に感謝と反省の気持ちを持って手を合わせるならば、自然と子どもたちは親の背中を見て真直ぐに育ち、その真心が受け継がれていくように思えます。

これこそが日本人の魂の伝統的精神文化の表れではないでしょうか。

お墓参りで注意すべきこと

ある55歳の男性の方が、体調が思わしくないのにお墓参りに行って、体調が急変して救急車で病院に搬送され、緊急検査で膵臓内出血だと判明したそうです。私も病院に見舞いに行きヒーリングを施しました。奇跡的に手術をしなくて済んだので退院も早くなりました。

結果として、ご先祖様も同じ病気で亡くなっていたそうです。体調の悪い時にお墓参りは慎む方が賢明です。浮かばれていない霊が助けを求めてくる場合があるからです。

お墓参りのついでに用足しに行くことも慎んだ方がよいでしょう。ときどき新聞やテレビで報じられることがありますが、お墓参りの帰りに途中どこかに立ち寄り交通事故に遭ってしまった悲惨なケースもよく聞かれます。

ローソクの炎について

ローソクの炎が大きくゆれたりするのは、あの世のご先祖様の喜びと見受けられます。最後までローソクが燃焼しない時は、誰かからの穢れがきていると思います。ローソクを２本立てていて、左側は女性、右側は男性の穢れだと思います。両サイドの火をつけてご先祖様を通してお詫びすると、その日の内に相手に伝わり悪念が消えてしまうようです。また、家族の中でゴタゴタ心の葛藤がある場合も同じようにローソクが完全に燃焼しないように感じられます。早く気づいて仲直りすることが必要だと思います。この状態が長く続くと、ご先祖様があの世で苦しんできて、生きている人も良い事はないように思われます。

不思議な出来事

心の勉強をしていると、世間では不思議といわれるようなことが当たり前に次々と起こります。そうして起こることにはすべて理由があることが理解できます。ここでは、２０２２年の10月、11月に私の身の回りに起きた出来事と、そこから得た気づき、学んだことを記したいと思います。

2022年10月10日、夜の7時30分くらいのことでした。スーパーに買い物に行くと、急に体調が悪くなりました。気をつけながら急ぎ自宅に戻って祈ると、苦しさが軽くなっていきました。心当たりはスーパーの土地です。戦国時代に激しい戦いのあった場所だそうで、亡くなった方々が助けを求めていたようでした。

11月4日に長崎県の五島に出かけた時にも同じようなことがありました。夕方5時30分に長崎港に着き、5時40分頃、大波止を出発しました。長崎駅前から浦上駅前、そして平和祈念像前などを通るルートで、通常なら長与営業所まで40分くらいの道のりです。

ところが渋滞で車が動かない状態になったところ、浦上駅のあたりで左の太ももに強い痛みを感じました。言葉では言い表せないすごい痛みです。原爆で亡くなった人が団体で助けを求めにきているのがわかりました。祈っても祈っても痛みはとれません。それほどまでに助けを求めていたのでしょう。普段の倍の1時間20分ほどかかって長与に着くと同時に、少しずつ痛みが軽くなっていきました。

立て続けに起こった神隠しのこと

２０２２年10月24日。軽自動車の中に入れていた財布（現金約７万５０００円入り）がなくなりました。27日には事務所に置いていた黒いカバンがありません。これにはカードや本、その他色々と大事な物が入っていました。

11月１日になると、財布は軽自動車の中、カバンは普通自動車の後部座席で見つかりました。どちらも何度も探してなかった場所や、置いているはずのない場所です。

財布については神隠しのことを話した東京の先生に「財布があなたの身代わりになってくれた」と言われました。世のため人のために尽くしているから、病気や事故、災難から身代わりになってくれたのだということです。

同じ頃、大阪の先生に「あなたのお母さんのお母さん（祖母）は腰の曲がった人ではありませんか」と尋ねられました。「その通りです」と答えると「お墓参りに行きなさい」と言われました。翌日お墓参りに行って気づいたのですが、その日は祖母の命日だったのです。

また、11月17日はお墓参りやいろいろな所用を済ませる日でした。長崎県長与の営業所から為石町まで約50分の道のりです。朝7時30分、長与の営業所を出発しようと車に乗ると、お世話になっている神ごとの先生からいただいた本がありません。12時半頃気づくと、助手席に本と3通の手紙がありました。

その後、東京でホテルに泊まっている時もスリッパがひとつなくなったり、自家用車の鍵が置いたところになく、午後に出発する時はあったりということが重なりました。

これらは、あの世からのサインだと考えられます。あの世とこの世の世界を勉強している人に助けを求めてくるようです。信じない人には、あの世の人も頼ってこないのでしょう。私はただ、助けを求めるみんなが光の世界に行くように祈るのみでした。祈りながら11月24日の朝4時10分に、一連の現象をみなさまにお伝えするために書き留めました。

新盆に思ったこと

平成18年8月13日、朝から新盆の親戚、知人、お得意先の自宅をお参りした経験を通して思うのですが、ご先祖様をしっかり供養している家庭は、ご先祖様と一心同体で幸せな生活を送っています。また、逆にご先祖様に感謝の心がない家庭は、病気、ケガ、不幸が続いているように感じられます。ある家庭では、自分の土地、畑、山畑、たくさん財産はあるのに、めんどうだからと言って墓地をとっぱらい、お寺の納骨堂にお世話になっています。夫は病院通いで妻が生活を支えていました。その夫はなんと、ご先祖様に手を合わせた事が生まれてから一度もないと私に話しました。このように、ご先祖様に感謝の心がない人は人生のどこかで体を悪くしたり、不幸に遭っているのではないでしょうか。

お盆にはご先祖様を供養し、亡くなった人を思い出して、語り合い〝亡くなっても忘れておりません〟と亡くなったご先祖様に〝感謝〟の気持ちを表すことが先祖供養ではないでしょうか。そして皆で仲良く生活していけば、あの世の人も安心して、この世の人々を護って頂けるものと私は確信しています。また、人との争い、増しみ合いを起こすと、相手の想念から痛み、病気、ケガ等が発生し、ご先祖様は心配して苦しみます。あの世とこの世は一心同体だと思っています。

お墓参りもしないのに森林を救うなどと言うのはおかしい。自分の親をないがしろにして、一生懸命にホームレスを救うのは片手落ちだと思う。人も地球もバランスが取れない中にひずみが起きてくるのです。子どもを持たなければ人生の三分の一はわからないものです。家庭こそ最高の修行の場であり、人生の原点です。

良い生き方、悪い生き方

悲運に遭遇すると、やれ先祖の因縁ではないか、あるいは前世のカルマか、それとも悪霊に憑かれたのでは、と責任を他に転嫁する人がいます。自分の所業を棚に上げて他の所為にするのは、さらに運勢を悪くするだけです。

ある20代の独身女性ですが、病気の原因が先祖の困縁か、悪霊に憑かれたのではと、霊能者廻りをして言われるままにお金を費やし、サラ金にまでお金を借りて遂に自己破産の憂き目にあった例があります。霊能者にお金だけ沢山払えば病気を治してもらえると思う心が間違っています。無知としか言いようがありませんが、霊能者も霊能者です。人の弱みに付け込んで金品を貢がせている悪徳霊能者の晩年は決していい目に遭いません。

他人を騙し私利私欲に目が眩み悪事を長期間続ける人は、やがて自分の播いた悪事の種が育ち自分の首を絞め、さらに不幸を呼ぶことになる。まさに自業自得となります。自分が播いた種は自分で刈り取るしかありません。

若い時から悪事を働き他人を苦しめて来た人は、老後にはその報いが己に降りかかり苦しい目に遭うことは必定です。早くからこの事に気づいて心から反省し改心するならば、ご先祖様からも許して頂けるでしょう。

また憎しみ合いを長年続けると、身体の不調や身体全体の痛みなどに見舞われるようになりますから、憎む心、憎まれる心を戒めねばなりません。

一方、若い時から世のため、人のために尽くしている人は、病気になっても目に見えないご先祖様や神様の助けを頂き、早く健康を取り戻すことができ、再び社会に貢献することができるようになると確信しています。

相談者によって気づかされたことですが、良性、悪性のがん、腫瘍でもいえることですが、いつも不平不満で過ごしている人、または人を困らせている人は、悪性のがんとか腫瘍になる確率が高いと思います（もちろん正しく生きてこられている人も沢山おられます）。また明るくプラス志向で徳を積んでいる人は、がんでも腫瘍に罹っても多くの人は良性で大事に至らないですむように思えます。神仏のご加護の恩恵なのでしょう。

〝徳を以て人に勝つものは栄え、力を以て人に勝つものは滅ぶ〟これは私が実践活動を通して学んだ道理であります。

自殺

人間の死に方で、一番悪い死に方だと思います。あの世にいっても生きたままの心の状態でいますから、自殺の因果が続く家庭は、しっかりと供養し、その因果を消していくのが良いと思います。やはり、自殺の因果は続くと思います。自殺で苦しんでいるご先祖様を助けることによって、その因果を消していくと思います。

死ぬまで元気

〝ある日ポックリ眠るように亡くなる〟こういう死に方が、家族にも迷惑をかけず一番良い結果だと思いますが、家族にも迷惑をかけず、そのためには日頃から皆と仲良く、ご先祖様に感謝・反省の心と、出会いの人といつも素直な心で人生を接していたら、このような死に方ができると私は確信しています。

人生の中で、バカになろう。自分が誠実に生きているならば、まわりの人から何と言われようと、人生の中でバカになれるような心の修業が、私は、大切と思います。なぜかと言えば、人は考え方が、一人ひとり違います。なるべく、相手の心に考えを同じにしていけば対立なく、考えが違う人からは、何を言われても、〝他の人は、そういう生き方〟と考えれば、対立なくうまくいくのではないでしょうか？

光り輝く人生のために

私たち人間は、ご先祖様より宿命として色々な因果を頂いてこの世に生まれてきていると思います。まず、命を頂いているご先祖様と両親に命ある限り、感謝の心を毎日朝夕に祈る事が、運命がより良い方に行く幸せの道と思います。

自分の運命を良くするために、

・素直に家族兄弟出会いの人に尽くす事。

・ご先祖様の悪い因果を少しでも良い方に行くために、恵まれない人を助け世のため、人のために我欲を捨て、尽くす事だと思います。

その積み重ねで自分の寿命も少しずつ伸び、ご先祖様の悪い因果も少しずつ消えて、健康で光り輝く人生を過ごせると私は確信しています。

そして、その子孫は努力すれば、良い事が無限にあると思います。その気づきこそ、大切だと思われます。若い時から、悪い事の繰り返しでは、老後は幸せは絶対にこないと思います。なぜかと言えば、良い事も悪い事も毎日ご先祖様は目に見えない世界で見ているからです。人を泣かせ、恨み憎しみを他の人にもたれると自分自身に悪い生霊が（悪念）がきます。そのため、体の痛み等の健康を老後と共に苦しむようです。

・宿命はご先祖様から頂いた寿命だと思います。

歳月で皮膚のしわは増えていく
情熱を失ったときには、精神がしぼんでいく

第五章
人生のみちしるべ

わたしの生い立ち

ここでわたしの生い立ちについてお話しさせていただきます。

わたしは昭和16年に長崎市で生まれています。西暦では1941年、第二次世界大戦の勃発した年です。

父親が長崎の造船工場に勤めておりました。その長男です。

まもなく、戦争が激しくなり、父親は長崎を離れ、野母半島に疎開します。父親の実家が野母半島の山の上にあり、そこで細々と農業や林業に携わることになりました。このため、わたしも長崎市での記憶はほとんどありません。

長崎は日本を代表する軍事都市であり、米軍から攻撃の目標とされていました。それが、あの原子爆弾の投下につながります。父親の判断は正しかったと思います。

それにしてもひどい田舎でした。小学校まで4キロ、中学校まで6キロありました。山の上にある実家からは、有名な長崎の軍艦島が見えました。

疎開して命を長らえたものの、生きていくのは容易ではありません。痩せた狭い田や畑があるだけで、食べていくのが精一杯でした。出稼ぎもしましたし、炭焼きもしました。農地の少ない野母半島では炭焼きは重要な仕事の一つでした。

かわいそうなのは母親です。長崎の大手造船所の会社員だからと嫁いできたのに、いきなり農作業を強いられました。慣れない重労働が母親の寿命を縮めることになります。母親は雲仙半島の町出身のお嬢さんで、実家は酒造りや畜産、林業などを手広く営んでいました。母とともに、わたしも家業を手伝いました。農繁期には農作業もやりましたし、妹や弟をあやしていました。炭焼きも手伝ったものです。生木を土釜に詰め込んで焼いて、一週間して冷えてから取り出します。炭の取り出し作業をすると、鼻の穴が真っ黒になりました。

鶏の世話もわたしの仕事でした。家では20羽ほどの鶏を飼っており、その卵を拾ったり、餌をあげていました。

「こん子ば鶏に好かれとる」

と、母親に言われたことを覚えています。このころは、鶏卵を仕事に選ぶとは思ってもいませんでした。

「花芝」の記憶も鮮明に残っています。小学生や中学生の子どもたちが山に入り、木や花を切って束にして、地域の家々に配ります。それが仏壇やお墓用の花となるのです。三把で10円だったでしょうか。子どもたちの貴重な小遣いとなりました。

地域では作業を協力し分担していました。子どもたちも屋根の皮ぶきを手伝ったものです。杉の皮を一生懸命になってみんなでむきました。

食べ物も分け合っていました。物のない貧乏な時代でしたが、地域の「和」がありました。今の時代は何でもありますが、かつての「和」を失っています。

あの時代は、競争もなければ、駆け引きも、仕事の恨み・妬みもありませんでした。ただ、助け合いと和がありました。農家が一番いい、今でもわたしは、しみじみと振り返ることがあります。

結婚は人生の修業

人は結婚して子どもを育てて、はじめて父母の苦労が本当にわかるのでしょう。父母への感謝の心を忘れないこと、子どもに対してはできるだけ争いをしないように育てることが大切です。

40代前後の未婚者も増えましたが、そろそろ人生の裏表を知り尽くしている年代です。縁ある人と出会ったら結婚を勧めたいです。皆この世に修業に来ているとすれば、結婚は重要な修業だと思うからです。ケンカはしても良いので、すぐに仲直りすること。それがストレスなく、お互い健やかに過ごせる方法です。

70~80代で共に健康なご夫婦に話を聞くと、夫は妻に、妻は夫に互いに尽くすこと。「ありがとう」「すみません」の素直な心で互いを思いやることが夫婦の生きる道であり、心身の健康のもとなのだと実感します。そして両家の父母を大切にすることで、老後に自分たちが子どもたちに大切にされることを確信しています。

どんな人にも、どんな人生にも欠点があります。それは修業であるかぎり当然のこと。足りないものを見るのではなく、やるべきことを一心に尽くしながら、感謝と許し、思いやりと「足るを知る」精神で生きていきたいものです。

夫婦円満の秘訣

夫は妻をいたわり、さらに妻の親にも優しく思いやり、妻も夫を慕いつつ、夫の親にも優しく思いやる。お互いに相手の事を思いやる心遣いこそ夫婦円満の秘訣であろうと思います。相手を思いやり、慈しみ、いたわる精神こそは、日本人の美徳とされていました。

女性は結婚しても自分の生家のご先祖様が見守ってくれます。自分が死を迎える時には嫁いだところのご先祖様が霊界へと導いてくれるのです。ですから女性は両家のご先祖様を大切にお祀りすることが肝要です。妻は夫に尽くし、夫は妻に感謝することが幸せへの第一歩だと思います。

どんなに時代が変わろうとも、人の心情は不変です。自分だけ良ければとか、自分の家族だけ幸せなら他のことは関係ないと考えるようでは、真の幸せは訪れません。

「人」という字は互いに支えあっている形から成っていますが、夫婦、親子、兄弟、近隣社会などお互いに人と人とが支えあい、助け合って生活していくことが望ましい姿です。

これまで心霊を学んできてまず気づいたことは、昔からの日本人の伝統的美徳である神仏を敬い、先祖を大切に祀り、親は子供の幼児期から躾をしっかり行い、善悪の何たるかを教え、夫婦仲が円満であれば健全な明るい家庭が築けます。子どもたちが素直に育ち、親孝行ともなり、友達を大事にして、優しい思いやりある人間に成長するということです。

因縁や悪霊に怯える前に、先ず自分の行いを見直すことが先決のように思えてなりません。

セックスの重要性

夫婦が喧嘩をしても、セックスがうまく営まれていれば心も輝き、男性は仕事に励み、女性は家事に子育てに頑張ると思います。離婚もなし、これが夫婦の生きる道だと思います。心が輝き顔が輝いている人は、精神も良く、男性も女性も幸せな毎日を送れると思います。

特に生霊（念）相手の憎しみを受けると男女とも、セックスができない状態になると思います。いつも争いをなくしていくと、一生良いことが続くと思います。この相談は男性からの相談が多いようです。セックスをすることによってイライラもなくなるようです。心が安らかになるようです。セックスが強い人ほど長命である。生命力が強い人と、私は思います。

親孝行について

「親孝行」というと、今の若い人たちにとっては古臭く思うかもしれません。でも「這えば立て　立てば歩めの親心」というように、親はわが子が幾つになっても成長と幸せを願っています。この親心こそ、自然な愛情の発露だと思います。

親がわが子を虐待した果てに殺害したり、子どもが生みの親を惨殺するという痛ましい事件を聞くと、その人間は鳥や動物にも劣る魂が宿っているものと唖然とさせられます。何の因果かカルマか分かりませんが、特異な事件とはいえ身の毛もよだつ恐ろしい世の中になったものと嘆かわしく思います。今や子煩悩や親孝行なんていう言葉は、死語になろうとしているのでしょうか。

全国の相談者の方々からの苦悩の声を聞いて、私はある因果関係について気づきました。それは長い年月父親を憎んでいると、その子はやがて大病を患うケースが多いということです。両親から命を頂いているのに、その親を憎めば必然的に子どもは、戒めを受けることになるのです。人を呪えば天に唾するように、親を憎めば天罰が下り、己の身に降りかかってくるのは必定です。早くこの事実に気づいて、親への憎しみの心を改めて感謝の心に切り替えてこそ、病気も快方に向かうという事実です。私は長年の経験からそのように学びました。

近年、結婚しない男女が増え、共稼ぎで子どもを持たない夫婦、少子化や核家族化で郷里を離れ、親の面倒を見られない人もいます。親孝行したくても金銭的、時間的に余裕がない人もいます。

しかし、どれも親不孝だと決めつけるのは早計です。私は七十路の半ばを超えて気づいたことがあります。真の親孝行とは、親にお金をあげることや面倒を見ることだけではありません。親に心配を掛けず、立派に社会に役に立つ人間に成長してほしいと親は願っているのです。

私たちの精神は悠久なご先祖様の流れを受け継いでいます。生かされていることに感謝し、家庭の和、人の和、社会の和を大切にして正しく生きることこそが人の生きる道であり、親の恩に報いることではないでしょうか。

心の幸せは親孝行
心より、ご先祖様に朝・夕、感謝と懺悔を祈ること
心より、家族と共に皆、笑顔が大切そして有難う、ごめんなさの気持ちをいつも持つこと
心より、ストレスを溜めない、お互い空にすることが、健康を保つと思う
心より、お互い許しあえる家族、兄弟、友人でありたい
心より、痛みしびれ等が体にきて不調になった時、真心で祈り、許して下さいと祈ると不思議と宇宙に消えて行く

家庭の和

言うまでもありませんが、まず何よりも夫婦、親子が仲睦ましく、一家が明るく

暮らすことが幸福な生活を送る基本です。これはお金持ちとか、貧乏とか全く関係ありません。いくらお金があろうとも家族の和が乱れると、まず人間関係がぎくしゃくして不平不満が昂じて不幸せとなり、お互いにイライラして心が乱れ心身の不調から健康が害されます。

特に一家の大黒柱である父親が正直に生きて、家族のために一所懸命汗を流しているる背中を見て、子どもたちは父親を尊敬し真直ぐに育つのです。もし母親が子どもの前で父親を馬鹿にして悪口を言えば、子どもたちは親を信頼できなくなり、当然一家の和は乱れます。ですから賢い母親ならばたとえ父親に多少の不満があろうとも、子どもの面前では父親の悪口は慎み、一家の調和を図るよう心がけるでしょう。

とにかく、今の不幸な境遇を自分たちの生活態度や心がけの悪さを棚に置いて、やれご先祖様の因縁や悪霊のせいにする人がいますが、とんでもない筋違いであることに気づくべきです。

心の最大の薬とは、安心して平穏に生きることではないかと思います。嬉しく楽しい心であれば、血液はアルカリ性になり体内を巡って活力を与えてくれます。怒りの心を持ち続けていれば、酸性の血液になって全身に悪影響を及ぼすと思われます。

父親、母親、妻、夫など家族が仕事から帰ってきたら「お帰りなさい、ご苦労さま」と感謝とねぎらいの心で迎えること。その一言で一日の仕事の疲れも気持ちも癒され和やかになります。こういった心の通い合う家庭、気持ちの通じる人間関係の中でこそ、皆に幸せが訪れるはずです。そして「また明日も頑張ろう」という気力が湧いてくるのだと思います。

長崎で人気のカステラ職人さんから聞いた話が印象に残っています。何十年もカステラを作り続けているけれど、心に悪念がある時は良い製品ができないのだそうです。たとえば家族と言い争いをしてしまい、謝らないまま仕事をしていると、なぜか普段ならしないような失敗をしてしまう。店頭に並べられない二級品ばかりできてしまうということです。私にとってはとても納得できる話です。

素直な心で調和した人間関係を築き、幸せに天寿をまっとうする生き方を皆がしていけば、原因不明のウイルスや愚かな戦いなど恐れることはない。そんな想いのもと、健全な世の中であること、人々の心が平穏であることを祈らずにいられません。

人生の本当の心友

現在の社会では、家庭、職場など色々な出会いの場で良い事ばかりではないと思います。

病院に行くと、ストレスが心身の不調の原因と言われることがあります。私も同感です。お医者様の見立てでストレスと判断されるよりも多くの人が、実際にストレスによって心身の健康を奪われているのではないでしょうか。

肩こりや頭痛といった不調の多くは、人間関係から発生するストレスの一種ではないでしょうか。自分は気づいていなくても、他人からのストレスを受け、自分にもストレスがかかっているのです。
ストレスの原因は一人ひとり違います。でも基本の解決法は共通なのではないかと思います。心のストレスをケアするために、男女関係なく、本当に心を許して話し合える誠実な「心友」が必要だと思います。心の中をいつもきれいにするために、お互いが理解し、慰めあう、お互いに秘密を守り、真心で真実を話し、悩み苦しみを理解し解決し、信頼関係で結ばれた付き合いで、心を空にする時間が必要なのだと思います。ストレスが消えて、健康にも良く、楽しい人生が永遠に続くと思います。

心を空にする大切さを、私は様々な人生経験の中で痛感してきました。私自身83歳になりますが、おかげさまで健康で自営業を営んでいます。健康はお金では買えません。心穏やかに生活し、調和の心で人間関係を築いていくこと。心友と語り合う時間を楽しむこと。感謝と奉仕の心で生きること。そうしていれば、命ある限り健康な毎日を過ごしていけると思います。

世のため人のために尽くす

高齢でも健康な人は、よくお墓参りをしています。ボランティアに熱心な人も多いです。そのように感謝の心をもち、人に尽くすことによって、多くの素晴らしい出会いを得ることができ、より楽しい人生が過せると思うのです。

ご先祖様が地域に奉仕し、本人もご先祖様に感謝して社会に尽くすこと。これが人生の基本であり、道しるべだと思います。自分にできる奉仕をすること、恵まれない人を助けることで、自分の生命力も伸びるように私には感じられます。

この生き方こそを徳としてまっとうしていけば、次の子孫も徳をいただき、大難は小難になると思います。命をいただいた父母に感謝し、孝行することで、目に見えないご先祖様がいろいろな面で助けてくださると信じています。

私は成功を、自分の在り方だと考えています。世のため人のために活動することと。そうやって徳を積んだ人が人生の成功者なのだと思います。

健康も幸せもお金では買えません。でも自分自身の徳を積むことは誰にでもできます。世のため人のため、心穏やかに尽くす。そうやって積んだ徳が、ご先祖様、子孫、周囲の人々、そして自分自身を健康に幸せにし、真の成功へと導いてくれるでしょう。

人の幸・不幸

人の幸不幸について考えてみました。人間は心の持ち方で幸せになったり不幸になったりするものだとつくづく思います。

人の心の在り方で感謝の心が幸になり憎しみの心が不幸になるのです。かくいう私も20代から40代までは、ただお金儲けの事だけしか考えていませんでした。その頃私は心臓肥大、腰痛、膝痛等があり治したいと思った時、私の心霊研究の師でもある志岐誠哉先生を訪れ「心の勉強をすると良くなる」と言われたのが変わったきっかけです。志岐先生と出会って以来、現代の医学では良くならない神経痛、肩こり、腰痛など一瞬、軽くなる様な不思議な事柄を勉強させて頂きました。

「何が幸せか」と考えると、衣、食、住が足りて心が安らぎ、夜は熟睡ができ、いつも家族、友人、親戚、隣人などと楽しく過ごせることと思います。この事が健康の秘訣だとも思います。そういう生き方が先祖様も喜ぶようです。

私はできる範囲で寄付をしています。寄付をした翌日には得意先から、また新しい得意先を紹介して頂けるという不思議な事が何年も続いています。人を助けることは、本当に自分も助けて頂くということだと実感しています。私がある人の事を霊言で訪ねた時「寿命以上に生かされた」と言われました。その方も人々をたくさん助けていました。人を助けることがひいては自分自身をも助けるのです（善因善果）。そこにも幸不幸が結果としてあるのです。

人は生かされている、徳を積む、ということに気づく事が大切ではないでしょうか。自分の生き方が結果として幸不幸を作りだしているのです。

第六章

目に見えない世界からの応援

今の世の中の在り方

近年、家庭でも学校でも職場などでも人間関係が希薄になり、ギスギスとして温かみに欠け、相手を思いやる気持ちが失われてきたように感じられます。その要因は色々あると思いますが、「お金さえあれば」という拝金主義や「自分さえよければ」という自己中心的考えにより、相手の立場などを考える余裕さえない世知辛い世の中になってしまったといえましょうか。

家庭では親子の断絶、夫婦関係の破綻、ひいては家庭崩壊となります。学校では悪質ないじめ、教師の権威失墜、そして学級崩壊につながります。職場ではリストラや実績主義による年功序列の崩壊等々、人間関係の葛藤から起きるストレスにより、日本人の美徳であった思いやり、助け合いの精神が過去の遺物となりつつあるように思えてなりません。

どんなに時代が変わろうとも、優しさ、思いやり、人への温かい心だけは見失ってはならないものと思っています。

人間は感情の動物ですから、聖人君子でない限りとにかく好き嫌いの感情はつきまといます。長年連れ添った夫婦でも、相手の本当の気持ちを理解するのは難しいものです。心の置きどころが悪いと、些細なことでも感情が昂じて遂には言い争いから離婚にまで発展してしまうケースもあります。

熟年離婚などという流行語を生み、過ぎ去った数々の思い出も今は空しく感じられ、自分の人生は何だったのかと嘆く人々も少なくありません。

私は43年にわたり、悩める人々に無料電話相談を行ってきましたが、特に思う事は人との争い事、憎まれる事、憎む心が人生の不幸の始まりだという事に気づきました。

自己中心的な人は自己主張が強く、何事も欲得で判断し行動する癖があり、そのために人と争う事が多くなります。親が死んだ後の兄弟姉妹同士の遺産相続争いなど、欲得の醜い骨肉の争いといえましょう。これでは他界した親は心配で成仏などできません。親不孝の最たるものです。

まず、この世に産んでくれた親を大切にし、さらにご先祖様に感謝して、また縁を頂いて巡り会った人々にも感謝して、我を張らず素直な心、反省する心、謙虚さを心がけ世のため、人のために奉仕すれば、今はどんな境遇にあろうとも、必ず幸せは訪れるものと確信しています。

心の勉強から学んだ人生訓

私が得た具体的な気づきや教訓を挙げておきます。

・人生の中で徳をもって人に勝つものは栄える。力をもって勝つものは、いつかは落ちていく。
・他人の幸せのために尽くすことは自分のために尽くすこと。
・無限の神様の力は偉大。人間は代理として生きていることを心得、常に神の心に近づくように努力すること。世のため、人のためを考え、出会う人を助けることが幸せの道だと思う。

・トイレ掃除をすると心が輝き寿命が伸びるはず。特に汚れた公衆トイレをきれいにすることは良い。

・相手に対し妬みや怒り、憎しみなどの想いを募らせると、それが悪念となって伝わり、発した本人も受けた相手も痛みなどで苦しむ。相手に対して敬い感謝する心（愛念）を伝えると、その心は相手に伝わり、相手も自分も心身が軽い感じがする。

・悪霊とは、あの世で苦しんでいる人が、この世の人に善を与えたり助けを求めたりするために存在するもの。この世の人たちにいろいろなメッセージを伝える役割をもつと考えられる。

・若い時に楽をすると、年をとって楽にいられないと思う。若い時は外に出て苦労し、人生の修業をすることが、その後の人生に非常にプラスになるはず。楽をする人は魂を磨けない。岩（石）が転がって丸い石になるように心も魅かれて滑らかになる。悲しいこと、うれしいこと、困難なことなど、さまざまなことに出会いぶつかり、反省したり味わったりしてこそ磨かれていくもの。

・不義理をすると自分の幸せが天から引かれる。他人に与えることで、やがて自分に返される。子孫のためにも義理人情を欠いてまでお金や物事に執着せぬこと。

・天才とはご先祖様の前世において、汗と涙と脂の結晶となる努力のおかげでなる。

・善を行えば必ず善、悪を起こせば必ず悪に報われる。

・人を憎めば2倍になって自分に返ってくる。

・受けた恩は忘れずに、生ある限り報いること。

・神仏から与えられている運命の八部は自分次第で変えられる。六部が宿命、四部の努力で運命が変わる。

・仕事に心を尽くし、もって生まれた寿命以上にこの世に長く生きて前世の業を消すよう努めること。

・守護霊は妊娠4、5カ月で選ばれる。

・人の価値は学でもなければ金でもなく、ただひとつ心。世間でいう心の持ち方、心の在り方が、自分の生き様となる。

・他の人の運命を良くするために努力すれば、自分自身の運命も良くなる。
・愛を与えれば愛が返ってくるのが世の中の仕組み。

志岐先生との出会い

志岐先生が無料相談をしているのをみてきて、人を助けるということは、多分自分も何かご先祖様を喜び、商売で何かプラスするような予感がありました。

ちょうど志岐先生は、ものすごい手広く長崎で一番の布団屋をしていて、人を助けるとこんなにいいことがあるのかなって思ってはじめていて、もう私が出会った時には、全国でも有名な人が取材に来るし、全国の週刊誌にいっぱい取りあげられていました。

相談の電話もどんどんどんどん鳴っている状態でした。

ここで志岐誠哉先生について説明させていただきます。

1924年長崎県生まれの霊能力者で寝具店を営んでいました。心霊に関して否定的側面から、書籍を読み漁るうちに1975年、手が勝手に自動書記を始める。その後、霊能力に目覚めて電話や対面で全国からやって来る相談者に、無料でスピリチュアルヒーリングで癒す奉仕活動を続けたそうです。

日曜日のたびに先生のもとへ勉強に行って、こういう世界もあるのかなって思いわたしもやってみるようになりました。

最初は、人を癒すと自分も受けてしまい、霊格が初期段階で、誰でも一気にそういう風に（霊格が上に）なるものじゃないことを痛感していました。

しかし、徐々に徐々に、具合が悪くなったら先生に頼んで癒してもらったりして、それからしっかりとした体調になると自分が受けなくなりました。

一番心に残っていることは、志岐先生のところに親戚の難病の人を連れて行ったら、手の震えが軽くなっていくのをみて「こういう世界もあるとやぁ」その出会いです。そこから毎月、勉強しましょうと、人を集めて勉強会をしていました。

その後（志岐先生が）亡くなった後、私がずっと引き継いで続けておりました。

しかし、コロナが来て、それからはあまりそういうことは出来なくなっています。

わたしの人生で目に見えない世界を知らなかったとしたら

わたしは、もしこのような世界に出会えなかったら、もうこの世にいないと思います。

ただ金儲けだけして人を泣かせて、ただお得意さんを得ただけでは人生の幸せはないと思います。

やっぱり人助けをしながら出会いの人を助けて、今日も健康で自分も勉強になる。

肩こり、頭痛など現代の医学で治らないことはたくさんあるので、医学とは違うアプローチで改善していく。そして人の生き方を教えていく。これがなければ今の自分はないのです。

無料相談を続けてきて

43年間無料相談をしていましたが、人から喜ばれる仕事は、イヤってことは全然なかったのです。

嬉しい気持ちになり、また人を助けて良かったという気持ちは幸せになります。

自分の体でも医学では治らないのに痛みもおさまるし、やはり神々の

光り輝く神々

力は偉大です。私が神様の代理で助けさせていただいているのです。

心がけていることは「神に近いような心」でいないと代理は出来ないということです。

たまにいる霊能者の例ですが、初めは心でやっていても、有名になると高額を取ったり、もう、金持ちしか相手にしなくなっていく人がいます。しかし、結局、人生の末路は悪くなってしまった人もたくさんみてきました。

みんな平等だからお金や地位など関係なく相談に乗って、癒していかないとやはり神様の応援がなくなるのです。

心と健康の関係

現代人はやはり心でみんな病気も痛みも発生する人が多くなっているように思え

ます。

いかに人間関係が大切かということをつくづく感じるのです。

そうでないと、私も83歳になった今、こうして健康でいられません。

みんな争い事をしながら痛みがきて、病気になりあの世に散っていくと思います。

心が人を憎しんだり怒ったり妬んだりするとその想いの念というのが相手に伝わり、そう、自分も体調が悪くなりそして相手も痛みで苦しみ、その原因をみんな知らずにこの世を去っていくと思います。

人間の発する念とはどのようなものか？

相手の悪い心が、「コノヤロー」と、怒りとか憎しみで来たらどこの部所に来るかというと、
大体、肩・膝・頭・目に来ます。

目の場合は、ものすごく相手が怒った時、目が充血してきます。

大体そういうパターンで起きてきます。

相手の良い想い愛念は体が軽く健やかで良いものですが、みんな不調になる時は、その心が悪い方に行ったとき来ます。ですからとても体調が悪い方には祓ってあげています。

まずは、宇宙の神々様 天照大御神様に祈ります。

続いて、その方の苗字が例えば、森さんなら森家のご先祖様の一番お偉いさまを先祖全霊を呼んで祈って、癒してあげます。

それでその人が、いろいろ過ちがあったと思いますから、こちらがその方に代わって詫びていってそれでその痛みを軽くして人の生き方を教えてあげる。そういうことを、今までやってきました。

人を妬んだりするとそれで自分の体調が悪くなる

私が、一番言いたいのは「人の悪口を言わないこと」これに尽きます。

その悪口がどんどん他人に伝わり最後は相手に伝わり、どんな言葉の綾が入ってくるか、分からない。

それでさらに悪い方へ悪い方へと行く。憎んだ方も、憎まれた方も、もうますます人生が不調になっていって、それでこの世を去れば、また次の子孫にもやっぱり悪い因縁が残るのです。

実社会ではライバルと熾烈な競争の中で妬まれることもあると思います。

会社に勤めて同期入社した誰かが出世するとやはり、同期の人たちからは、恨みの念がくるわけです。

そういう相談ごとも経験しています。

我々も同じ同業者でもやはり共存共栄するように業界がなっていくと、うまく調和していくような状態になります。

相手を潰してやろうっていうのでは、自分も悪い心ですから結局は、商売もうまくいかなくなるものです。

その人本人の生き方で人生は変わるものなのです。

同じ時に入社しても、出世していく人、しない人と格差がつきます。

出世した人に対しては、妬みの心が行くんですね。

そういう色々起きる人生の中での相談ごとを経験してくると、本当に難しいですが、出世して良かったねと、喜べばいいんです。

それを逆に妬みとか怒りに行くと、自分の体調が悪くなり相手も不調になっていく。

それが人生と思います。

不安・絶望は体調を悪くする

自分の心にありがとうの思い。

相手に対しては感謝の気持ちを持っていると、体調は細胞が活性化して元気になります。

悪い心を持つと徐々に、どこかの内臓の弱いところは病気として、最初は痛みぐらいで来て、長くその状態を続けると、病気として現れていきます。

心がいつも笑いで愉快であれば病気は、起きてきません。

行き着くところは人間関係を98％ぐらいはクリアしていると、80代になっても健康で一生過ごせると思います。

お金の悩みで体調を崩す

お金の悩みは心労が重く、それで不調になっていく人が多くいます。

人間関係だけじゃなくて、お金の心配事は、胃・腸・内臓にきます。

その時は「自分の想念の過ちをお許し下さい」と祈ることで、また回復します。

そういった理由で体調が悪くなった時はただ薬を貰って飲んでもむずかしいです。

やはり自分の心が、つらくても感謝の心にならないと治らないと思います。

無料相談で見てきましたが、実際にそういった感謝の気持ちを素直に受け入れた人は痛みでも何でも治ってしまう。

〝信じる者は救われる〟昔のことわざ通りです。

即実行してほしいです。

素直に生き、濁った心を捨てる。

難しいですが、もうそれしかない。体調が良くなると共に状況も改善していくと思います。

心が綺麗になることで、細胞が活性化するのです。目には視えないですが、そうなります。

お金、病気とか痛みなどで苦労したり、辛い思いが続くと、やはり心のなかに悪い心「こんちくしょう」「この野郎」って怒り憎しみを持ってしまいがちです。

そこを「ありがとう」っていう言葉に１８０度転換することで痛みも病気も軽くなり、結果状況も変わっていきます。

私には、そのような経験がいっぱいありますが、それを実行するかしないかは本人次第。

まずはどんな状況にあっても、「ありがとう」って言う気持ちを持ちます。そうすれば、身体、状況、憎い相手に良い念が伝わります。すると、不思議なことに状況が良くなったら体調も戻り、うまく調和ができてくるのです。

いつまでも憎しみとか怒りがあれば自然と離れていって運気が回復しません。

とにかく笑顔がうまくいく秘訣です。

相互関係で大切なこと

まずは、本人の生き方が重要になります。家庭で争い事をしていたら事業もうまくいかないし、人間関係には、摩擦が起き、どんどん不調になっていく。

わたしは、商売を何十年とやってるので、いろいろなケースをみてきました。小さいところでも絶対従業員と調和していないとだめになります。お互に心の交流をしてると、儲け損得じゃなくて本当に50年も60年続くことができています。目に見えない世界は、自分の利益になっている良いところだけ取ってもうまく回らないものなのです。

人生は損得だけでなく、たとえば長い古い友を大事にする。得意先でも一緒で、大切にする。目先の利益だけで、普通の会社、特に大企業は目先の利益を重視していますが、そういうものだけじゃないような気がします。

やっぱり助けて合ってやっていくことで、取引のある会社が元に戻っていきお互い良かったと、努力してて感動するわけです。相手も苦しい時助けてもらってこそ、初めてお互い分かり合えるのではないでしょうか。

ですから、ちょっと金払いが悪いからで切ったりどうこうするというのは、やっぱりお互い払いたい時に払えない事情があるからちょっとの余裕を持ってあげることが人生かと思って続けてきました。それが、みんなでうまくいく世の中です。

そこでいろいろアドバイスしていく中で良い方に行けば「良かったね」とかお互い感動し合い続いていくわけです。

老後の幸せについて

父母、祖父母、生きているご先祖様の人々を大切にし、そして亡くなっているご先祖様を供養する事が一番大切な人間としての道と考えます。ご先祖様、これをないがしろにしても若い頃はそれほど感じないけれど、年と共にやがて己が身につまされる訳で、早く気づく事が老後の幸せへの第一歩だと私は思います。
80歳から100歳の健康で過ごした人の話を聞いて、私もなるほどと思いました。皆、家族を大切に思いやる心で人生を過ごした結果が健康であり、皆から愛される事ができるのだとつくづく思いました。年とって亡くなる時も、家族にあまりお世話にならず、あっという間にあの世に旅立って行くものと確信しています。

人は年を重ねただけでは、老いてはいかない
理想をなくしたときにはじめて、老いが訪れてくる

あとがき

最後までお読みいただきましてありがとうございました。

ここに書いてあることのなかには、どこかで聞いていたことがある。昔、おじいちゃんやおばあちゃんに言われた気がする。そんな感じを受けた方もおられると思います。それほど、当たり前のことのように感じるかもしれません。

しかし、それこそが人生を豊かに幸せに生きるための秘訣であり極意です。そして、なかなか実行できないことでもあります。

「世のため人のため」と言われると、なんだか道徳みたいな感じを受けるかもしれません。しかし、それは昨今スピリチュアル界で言われている、他者を祈ることで良い回転が起きて、結果自分も幸せになるというようなことと同じです。

人を恨んだり妬んだりすると、自分の身体に毒を流します。恨まれても同じです。

ですので、私がくどいくらい言っている『詫びる』ということをぜひ試してみてください。必ずや運気が拓けてきます。

そして、本書の特長として、身体に来た痛みや不調から、恨みを発している相手が男性か女性か？　また、どうしたら、解決できるかを実例も交えて書かせていただきました。

ぜひ、新しいアプローチ方法として活用いただけましたら幸いです。

突き詰めると『人生負けるが勝ち』笑顔と感謝で生きていれば、大難も小難に変わっていきます。

どうぞあなたの人生が光り輝くことを願います。

最後に私から……

『幸せになってください』

２０２４年３月吉日

森安　政仁

森安 政仁（もりやす まさひと）

森安商店代表取締役
1941年長崎県生まれ。

全国たまご商業協同組合副理事。

日本サイ科学会九州会元会長。

鶏卵卸業を50年以上営む。

志岐誠哉先生との出会いにより、心の勉強と心霊科学の勉強を開始し、心霊・スピリチュアルをテーマとした講演などを開催するとともに43年間全国からの電話での悩み相談に無料で応じ、数々の人の悩みを解決にいたるべく奉仕活動の日々を送る。

著書に『たまご社長が教える運をつくる仕事術』（三楽舎プロダクション）『光り輝く人生―心の研究―』（鷹書房弓プレス）『逆運を福運に変える秘訣』（現代書林）がある。

無料人生相談43年の社長が教える
健康家庭商売人生と心の関係

2024年4月6日　第一刷発行

著　者　　森安 政仁

発行所　　㈱三楽舎プロダクション
〒170-0005　東京都豊島区南大塚3－53－2
大塚タウンビル3階
電話 03-5957-7783　FAX 03-5957-7784

発売所　　星雲社（共同出版社・流通責任出版社）
〒112-0005　東京都文京区水道1－3－30
電話 03-3868-3275　FAX 03-3868-6588

印刷所　　創栄図書印刷
装　幀　　横山 勝
DTP 制作　CAPS

ISBN978-4-434-33694-2　C0095